REALIEN ZUR LITERATUR
ABT. D:
LITERATURGESCHICHTE

URSULA NAUMANN

Adalbert Stifter

MCMLXXIX
J. B. METZLERSCHE VERLAGSBUCHHANDLUNG
STUTTGART

CIP-Kurztitelaufnahme der Deutschen Bibliothek

Naumann, Ursula:
Adalbert Stifter / Ursula Naumann. – Stuttgart:
Metzler, 1979.
  (Sammlung Metzler; M 186: Abt. D, Literaturgeschichte)
  ISBN 3-746-10186-X

ISBN 3 476 10186 X

M 186

© J. B. Metzlersche Verlagsbuchhandlung und Carl Ernst Poeschel Verlag GmbH
in Stuttgart 1979 · Druck: Gulde-Druck, Tübingen
Printed in Germany

VORBEMERKUNG

Die Artikel zu den einzelnen Themen greifen die Punkte heraus, die der Verfasserin besonders wichtig schienen. Sie zielen nicht auf Vollständigkeit. Wiederholungen ließen sich bei der gewählten Form der Anordnung nicht ganz vermeiden. Gerade die Stifter-Literatur könnte eine »Entrümpelung« sehr gut vertragen. Der ursprüngliche Vorsatz, die Bibliographie vor allem nach qualitativen Gesichtspunkten zusammenzustellen (daneben spielen natürlich auch noch andere, etwa wirkungsgeschichtliche Kriterien eine Rolle) konnte aber nicht durchgehalten werden. Es wäre einfach zu wenig übrig geblieben, vor allem bei den Werken, für die das Interesse der Forschung ohnehin gering war. So kann man über die Aufnahme oder Vernachlässigung einzelner Titel gewiß streiten. Sachlich informierende Arbeiten sind so weit wie möglich berücksichtigt worden; entbehrlich schien vieles von der für die Stifter-Forschung charakteristischen Gesinnungs- und Weltanschauungsliteratur.

Die Reihe, in der das vorliegende Bändchen erscheint, soll Grundlagen zur wissenschaftlichen Beschäftigung mit einem bestimmten Sachgebiet oder Autor vermitteln. Daß diese erste Orientierungshilfe nicht ohne kritische und deshalb subjektive Auswahl möglich ist, versteht sich demnach wohl von selbst.

Inhalt

Vorbemerkung V

1.0. Zum Leben 1

2.1. Politisch-sozialer Hintergrund 10
2.2. Literarisch-historische Beziehungen 14

3.1. *Studien* 22
3.2. *Bunte Steine* 31
3.3. *Der Nachsommer* 39
3.4. *Witiko* 46
3.5. *Die Mappe meines Urgroßvaters* 54
3.6. Einzelne Erzählungen 60
   a) *Julius* b) *Der Waldgänger* – *Prokopus* c) *Nachkommenschaften* d) *Der Waldbrunnen* e) *Der Kuß von Sentze* – *Der fromme Spruch* f) Kleinere Erzählungen und Parabeln
3.7. Verschiedenes 75
   a) Aus *Wien und die Wiener* – Feuilletonistische Betrachtungen b) *Die Sonnenfinsterniß am 8. Juli 1842* – *Aus dem bairischen Walde* c) Gedichte, literarische Pläne

4.1. Pädagogisches Wirken 84
4.2. Maler, Kunstkritiker, Restaurator 89

5.1. Handschriften 97
5.2. Ausgaben 98
5.3. Bibliographien, Zeitschriften 100
5.4. Briefe, Briefwechsel, persönliche Beziehungen 101
5.5. Biographien 105

6.1. Wirkung, Rezeption, Forschung 109
6.2. Probleme des Werks 122
6.3. Gesamtdarstellungen, übergreifende Darstellungen . . . 129

Register 132

ABKÜRZUNGEN

AION (T)	Annali. Sezione Germanica. Studi Tedesci. Napoli: Istituto Universitario Orientale
DU	Der Deutschunterricht
DVjs.	Deutsche Vierteljahrsschrift für Literaturwissenschaft und Geistesgeschichte
Euph.	Euphorion. Zeitschrift für Literaturgeschichte
FMLSt	Forum of Modern Language Studies
GLL	German Life and Letters
GR	Germanic Review
GRM	Germanisch-Romanische Monatsschrift
JEGP	Journal of English and Germanic Philology
MLN	Modern Language Notes
MLQ	Modern Language Quarterly
MLR	Modern Language Review
NDL	Neue deutsche Literatur. Berlin
Vj.	Vierteljahrsschrift des Adalbert Stifter-Institutes des Landes Oberösterreich
Schriftenreihe	Schriftenreihe des Adalbert Stifter-Institutes des Landes Oberösterreich
WW	Wirkendes Wort
ZfdPh	Zeitschrift für deutsche Philologie

1.0. Zum Leben

Adalbert Stifter wurde am 23. Oktober 1805 im damals österreichischen, heute tschechischen Dorf *Oberplan* im Böhmerwald geboren. Er starb am 28. Januar 1868 im 70 Kilometer entfernten Linz. Den größten Teil seines Lebens verbrachte er in der österreichischen Provinz, seine zwei weitesten Reisen führten ihn nach Süddeutschland und nach Norditalien. Die Weltlosigkeit und die thematische Beschränktheit des Stifterschen Werkes scheinen in den geographischen Lebensdaten schon vorgezeichnet; aber immerhin lebte der Dichter über 20 Jahre, von 1826–1848, in der Weltstadt Wien. Das vergißt sich leicht, weil diese Jahre in seinem Werk nur wenig Spuren hinterlassen haben und man deshalb geneigt ist, die Gestalt dieses Werkes unmittelbar aus dem dahinterstehenden Leben abzuleiten. Schon Aprents Biographie (1869) beginnt wie dann manche andere mit einer Beschwörung der heimatlichen Böhmerwald-Landschaft, »jenes langgestreckten Bergrückens mit dem breiten, traulich dunklen Waldbande, zu dem Stifter in seinen Dichtungen mit fast rührender Pietät immer wieder aufs neue zurückkehrt« (Aprent 1869; zit. Ausgabe 1955, 24). Im autobiographischen Fragment »Mein Leben« gehören die Heimatwälder zu den frühesten, noch vorbewußten Kindheitseindrücken: »Es waren dunkle Flecken in mir. Die Erinnerung sagte mir später, daß es Wälder gewesen sind die außerhalb mir waren« (zit. Fischer, Dokumente 1962, 680).

Stifters Versuche, seine Biographie für die Öffentlichkeit zu korrigieren, beginnen mit dem Geburtsdatum, das er später stets als 1806 angab, weil seine Eltern erst im Sommer 1805 geheiratet hatten.

Der Vater, *Johann Stifter,* ursprünglich Leinenweber, hatte wie viele seiner Kollegen den gelernten Beruf aufgeben müssen, der durch die Konkurrenz der billiger produzierenden englischen Manufakturen nicht mehr genug einbrachte und unterhielt seine Familie durch Flachshandel, außerdem wurde etwas Landwirtschaft getrieben. Neben der Mutter und vier jüngeren Geschwistern – drei Brüder, eine Schwester – gehörten auch die Großeltern mütterlicherseits zur Hausgemeinschaft.

Die Dichtergabe hat nach Stifters Selbstdeutung die Großmutter in ihm geweckt, die er in der Erzählung »Das Haidedorf« als Allegorie ursprünglicher Poesie verklärt hat. Man litt wohl keine Not, mußte aber sehr bescheiden leben. Daß Stifter seine kleinbürgerliche Herkunft als Makel und Einschränkung empfand, sprechen seine Dichtungen deutlich genug aus, in denen die Träume vom sozialen Aufstieg, von Besitz und Wohlstand zeitlebens eine zentrale Rolle spielen. Nicht so konfliktlos und unproblematisch wie für seine poetischen Helden war der Aufstieg für Stifter selbst, dessen Entfremdung von der Familie begann, als er mit zwölf Jahren auf das Gymnasium des Benediktinerstiftes zu Kremsmünster gebracht wurde. Er verlor seine soziale Heimat, ohne je wirklich heimisch zu werden in der Welt des wohlhabenden Bürgertums, dem er als Schulrat in Linz endlich angehörte. Photographien dieser Zeit zeigen ihn als von dem Gefühl ihrer Wichtigkeit durchdrungene Amts- und Respektsperson, aber sie lassen erkennen, wie anstrengend diese Rolle war, die ihn auch finanziell überforderte. Das Amt machte Ausgaben notwendig – »Ehrenpflichten des Amtes«, wie Stifter sie nannte – die eigentlich über seine Verhältnisse gingen. Er distanzierte sich von der eigenen Herkunft und wurde darin bestärkt von seiner Frau, die arme Verwandte als Dienstboten bei sich arbeiten ließ. Ganz vergessen machen konnte er diese Herkunft auch in den Dichtungen nicht. Ordnung, Sauberkeit, Fleiß, Gehorsam, Familie – das Wertesystem, das selbst aristokratische Utopien wie die »Nachsommer«-Welt prägt, ist unverkennbar kleinbürgerlich. In den Filzpantoffeln, die der Besucher des Rosenhauses anziehen muß, um die kostbaren Marmorfußböden zu schonen, hat sich dieses Stück Kleinbürgertum auf besonders deutliche und komische Weise materialisiert.

Über das Verhältnis des Kindes zu den einzelnen Mitgliedern der Familie und über die Eltern wissen wir wenig. Besonderheiten und Problematik der Beziehungen lassen sich nur (und natürlich auch nicht mit Sicherheit) aus den Wunschprojektionen der Werke erschließen, die kaum je intakte Familienverhältnisse gestalten, statt dessen sehr häufig »zwischenmenschliche Konstellationen mit Adoptivcharakter« (Kaiser 1971, 37). Stifters direkte Aussagen über seine Eltern erschöpfen sich im warmen, ungenauen, allerdings abgestuften Lob: »Meine herrliche Mutter, ein unergründlicher See von Liebe [...] mein edler, nur zu großmütiger Vater [...].« Aber er hat die Mutter von Wien und Linz aus dann kaum noch besucht. Der Vater starb früh: 1817 wurde er von seinem eigenen, umstürzenden Flachswagen erschlagen. Am meisten konnte sich wohl noch der Großvater um das Kind kümmern, der auch für die höhere Schulbildung Stifters sorgte.

Die Jahre in *Kremsmünster* (1818–1826) hat Stifter später die glücklichsten in seinem Leben genannt. Er fand bei den Benediktinern Halt, Schutz, Ordnung, Freundlichkeit, Anerkennung seiner guten Schulleistungen und Entdeckung und Förderung der malerischen Begabung. Nach dem Schulabschluß folgte eine lange Zeit der Ungeborgenheit und Suche. »Im Herbst 1826 ging er nach Wien in die juridischen Studien. Neben diesen trieb er Mathematik und Naturwissenschaften, und fuhr fort, deutsche und fremde Dichtung in sich aufzunehmen. Auch das Zeichnen und Malen ließ er nicht bei Seite« (SW XXII, 176). Noch die knappe Aufzählung läßt die Unsicherheit über das Lebensziel, das Schwanken zwischen bürgerlichem Beruf und freiem Künstlerdasein erkennen. Korff hat aus der existentiellen Problematik dieses »doppelten Telos« das gesamte poetische Werk Stifters abgeleitet und gedeutet. Den Lebensunterhalt verdiente sich Stifter in den Häusern der meist adligen guten Gesellschaft Wiens. Zu seinen Schülern hat auch Metternichs Sohn Richard gehört. Das Unterrichten entsprach wohl seinem lehrhaften Wesen, brachte ihm aber auch seine ökonomische Abhängigkeit und soziale Ortlosigkeit ständig schmerzhaft ins Bewußtsein. In der »Urmappe« (im Kapitel »Die Geschichte der zween Bettler«) hat er die Verbitterung über die erlittenen Demütigungen mit einer in seinem Werk einzigartigen Direktheit ausgesprochen. Sein Leiden an der Gesellschaft blieb privat, so privat wie die Auswege, die er für sich sah: selbst aufzusteigen oder sich als Künstler eine Ausnahmestellung zu verschaffen.

Ein entscheidendes Erlebnis für Stifter war, wohl anfangs der dreißiger Jahre, die Entdeckung *Jean Pauls,* »den er in seinem 25sten Lebensjahre während eines ganzen Sommers, gleichsam auf einem Divan wohnend, verschlang, und in dem er all das stumme Getümmel seines Herzens, alles Glück, alles Weh und alles Außerordentliche und Unnennbare ausgesprochen fand, der ihm erst die ganze Geschichte seines eigenen Innern erzählte« (Reitzenbeck 1948, 22). Er lebte und schrieb jahrelang unter dem Einfluß Jean Pauls. In den Briefen an seine wesentlich jüngeren Jugendfreunde Sigmund Freiherr von Handel und Adolf Freiherr Brenner von Felsach stilisierte er sich zu Schoppe, zum romantisch-zerrissenen, unbürgerlichen Narren aus Jean Pauls »Titan«. Seine verkrampft exaltierte Sprache dabei zeigt, wie sehr er sich mit dieser Rolle noch mißverstand, aber er hatte mit der eigenen Innerlichkeit auch seine Bestimmung entdeckt: »Mir thut noth zu produciren, und ich werde es« (20. 9. 1833; SW XVII, 32). Literarische Dokumente der Jean Paul-Wirkung sind die Erzählungen »Der Condor« und vor allem »Feldblumen«.

In der Stifter-Literatur hat man nach Kräften die einzige halbwegs poetische Episode in Stifters Leben ausgebeutet, seine Liebe zu *Fanny (Franziska) Greipl*. Er lernte die Tochter eines wohlhabenden Leinwandhändlers aus dem nicht weit von Oberplan gelegenen Ort Friedberg in den Sommerferien 1827 kennen, warb um sie leidenschaftlich und unschlüssig zugleich und wurde endlich abgewiesen. Eine seltsam freudlose große Liebe, auf deren Erfüllung beide Partner gleichsam kampflos verzichteten. Stifter hat Amt und festes Einkommen ernsthaft zu dieser Zeit nicht angestrebt, was die notwendige Voraussetzung für eine erfolgreiche Werbung gewesen wäre; Fanny fügte sich offenbar ohne Widerstand den Wünschen und Geboten ihrer Eltern, die sie 1836 mit einem Kameralkommissär namens Fleischanderl verheirateten. Vielleicht suchte Stifter in ihr von Anfang an, jedenfalls unbewußt die »Braut seiner Ideen«. Für seine Dichtungen konnte er nur unerfüllte Liebe produktiv machen. Noch während er sich um die hohe Geliebte Fanny bemühte, hatte er von etwa 1832 an ein Verhältnis mit der aus Ungarn stammenden Putzmacherin *Amalia Mohaupt*, der Tochter eines pensionierten, armen Unteroffiziers, die er 1837 heiratete. Gugitz will herausgefunden haben, daß den beiden im Jahr zuvor ein Kind geboren wurde, ein Mädchen, das schon wenige Wochen nach der Geburt im Armenhaus gestorben sei.

Amalia, »die ihm durchaus nicht ebenbürtige, gemütlose Frau«, der man in ihrer Jugend immerhin »erotisch fesselnde Schönheit« zugesteht, hat den Biographen zu schaffen gemacht bei ihren Versuchen, das Dichterleben zu idealisieren. Ihr Autor war ihnen dabei keine Hilfe, obwohl und weil es ihm auch ums Idealisieren ging, denn er hat das Unpassende seiner Wahl nie zugegeben. Das Eheleben lang schrieb er seiner Frau Liebesbriefe, die längsten und leidenschaftlichsten im Alter, als sie schon längst nicht mehr erotisch fesselnd war, sondern fett und unbeweglich und ewig kränkelte und nörgelte. Die Liebe seiner Briefe war Wunsch, nicht Wirklichkeit, aber als lebensstilisierendes Prinzip wirkt peinlich, was in der Poesie als Idealität gepriesen wird. Stifter war kein Opfer, am unaufrichtigen, glanzlosen, dumpfen Wesen dieser Ehe hatte er soviel Anteil wie seine Frau. Daß sie ihm geistig und sozial nicht ebenbürtig war, war ein Grund für, nicht gegen seine Wahl. Er war so ängstlich und unsicher, daß er diese Überlegenheit zu Hause brauchte. Amalia konnte ihn nicht in Frage stellen.

1840 trat Stifter zum erstenmal mit einer Erzählung an die Öffentlichkeit. In der ›Wiener Zeitschrift für Kunst, Literatur, Theater und Mode‹ erschien »Der Condor«, noch im gleichen Jahr folgte »Das Haidedorf«, 1841 erschienen die »Feldblumen«, »Die Mappe meines Urgroßvaters«, »Der Hochwald«. Die Jahre bis 1848 wurden seine fruchtbarste und erfolgreichste Schaffenszeit. Es entstanden sämtliche »Studien«-Erzählungen in zwei Fassungen, einige Urfassungen von »Bunte Steine«-Erzählungen, Beiträge zum Sammelband »Wien und die Wiener«, den er auch herausgab, die berühmte Schilderung der »Sonnenfinsterniß von 1842«, die Erzählungen »Prokopus« und »Der Waldgänger«.

Wichtig für sein ganzes weiteres Leben war für Stifter seit 1842 die Beziehung zu dem ungarischen Verleger *Gustav Heckenast,* der in seinem Almanach ›Iris‹ die meisten Stifterschen Erzählungen zuerst veröffentlichte und fast alle seine Werke verlegt hat. Heckenast war wohl nicht der Mäzen, den sich Stifter sein Leben lang wünschte, aber er verschaffte ihm durch regelmäßige Zahlungen doch so etwas wie ein sicheres Einkommen und erzwang zugleich seine Produktivität: wenn die Manuskripte fertig waren, hatte Stifter die als Bezahlung dafür vereinbarte Summe in Vorschüssen stets längst verbraucht und sich durch neue Schulden zu weiteren Arbeiten verpflichtet. Fast jeder Brief Stifters an Heckenast schließt mit Geldforderungen und Heckenast hat diesen Forderungen meist entsprochen. Beide haben zunächst voneinander profitiert, am Ende aneinander gelitten. Dem alten, kranken Stifter wurde der Schaffenszwang unerträglich, Heckenast verlor die Geduld mit einem Autor, der die versprochenen und bezahlten Dichtungen nicht lieferte und dessen Werke sich nicht mehr verkaufen ließen. Als Stifter starb, war er seinem Verleger hoch verschuldet. Die geschäftliche Basis ihrer Beziehungen hat eine wirkliche Freundschaft unmöglich gemacht. Trotzdem war Heckenast Stifters wichtigster Korrespondent und Zuhörer, der einzige, dem er seine Gedanken über Kunst, Leben, das eigene Werk mitteilen konnte.

Im März 1848 brach in Wien die Revolution aus, die Stifters Leben und Schaffen eine neue Richtung gab. Er begrüßte sie begeistert, aber die Begeisterung schlug schnell in Enttäuschung um, eine Reaktion, die typisch war für das gesamte aufgeklärte und sich als liberal verstehende Bürgertum seiner Zeit. Die Desillusionierung erklärt sich (wie schon die Reaktionen nach

1789) vor allem aus der Identifikation von Politik und Moral. Daß das politisch-praktische Handeln der einzelnen an der Revolution beteiligten Interessengruppen sich nicht, wie gehofft, am »ewigen Sittengesetz« ausrichtete, führte nicht zur Überprüfung und Korrektur des eigenen moralischen Anspruchs, sondern zur Enttäuschung und Empörung über die Schlechtigkeit der Menschheit, die von Stifter geradezu als persönliche Kränkung erfahren wurde. Als Allheilmittel gegen alle gesellschaftlichen Übel beschwor man die Bildung. Die Neuordnung des Unterrichtswesens wurde von der neuen Regierung unter dem Fürsten *Schwarzenberg* als eine der wichtigsten politischen Aufgaben betrachtet. Auch Stifter machte die Besserung des Gemeinwesens von der des einzelnen abhängig: »Wer sittlich frei ist, kann es staatlich sein, ja ist es immer« (6. 3. 1849; SW XVII, 322). Sein »fieberhaftes Verlangen, für Schule und Menschheit Nutzen zu stiften« fand spontan Ausdruck in einer Reihe von populär gehaltenen Aufsätzen zu staats- und bildungspolitischen Fragen im ›Wiener Boten‹ und in der ›Constitutionellen Donau-Zeitung‹, langfristig im Bemühen um ein Amt im Unterrichtswesen. Mit der Revolution hatten die Einkünfte aus den Dichtungen erst einmal aufgehört. Er war gezwungen, auf andere Weise sein Geld zu verdienen. Noch im Revolutionsjahr zog er nach Linz um, wo er sich, protegiert vom Linzer Statthalter *Fischer,* durch regierungstreue Artikel in der ›Linzer Zeitung‹ für einen Beamtenposten empfahl. Nach zweijähriger Wartezeit wurde er 1850 zum Volksschulinspektor von Oberösterreich »mit dem Titel eines k. k. Schulrats, der Einreihung in die VII. Diätenklasse und dem Jahresgehalte von Eintausendfünfhundert Gulden K. M. ernannt«. In seiner schönen, direkt am Donauufer gelegenen Wohnung führte er ein zurückgezogenes, häusliches Leben, zu dem zu reichliche Mahlzeiten gehörten, teure Möbel und Bilder, Kleider und eine Loge im Theater für Amalie, kläffende Schoßhunde, Zank mit den Dienstboten, ewige Geldsorgen, dazu private und öffentliche biedermeierliche Liebhabereien (uns wundert, daß Amt und Dichtung noch Zeit dazu ließen): Kakteenzucht, das Sammeln und Restaurieren von alten Möbeln, Ehrenämter als Konservator für Oberösterreich und als Vizevorstand des örtlichen Kunstvereins.

Die Begeisterung für das neue Amt hielt nicht lange vor. Die Wirkungsmöglichkeiten für »Schule und Menschheit« waren durch Bürokratie, eine konservative Bildungspolitik und den wachsenden klerikalen Einfluß eng begrenzt. Praktisch beschränkten sie sich auf die Verbesserungen an Gebäuden und Räumen der Landvolksschulen, die er bei seinen Inspektionsreisen zum Teil in einem menschenunwürdigen Zustand fand. Schon sehr bald beginnen die Klagen über die amtliche Zwangsarbeit und die Befreiungsträume von einem Mäzen oder vom Gewinn des großen Loses: »Es ist fast mit Gott zu hadern, daß er mir nicht irgendwo mehrere Millionen zufallen läßt« (23. 1. 1852; SW XVIII, 104). Sogar auf eine verlustbringende Aktienspekulation ließ er sich ein. Doch die vorzeitige Pensionierung nach 15 Amtsjahren (1865) hat er dann seiner Krankheit verdanken müssen.

So floh Stifter wieder zurück zur Kunst, »dem höchsten irdischen Gut«. Aber seine Dichtung und ihre Wirkungsmöglichkeit war durch die Revolution auf einmal ernsthaft in Frage gestellt.

Vor 48 sei er »heiter wie die antiken Völker gewesen«, schrieb er an Louise von Eichendorff (23. 3. 1852; SW XVIII, 110). Hinter der offen ausgesprochenen Enttäuschung von Menschheitsträumen verbarg sich die durch das Publikum. Von ihrem Erscheinen an hatten die meisten Kritiker in der Weltlosigkeit seiner Erzählungen einen liebenswürdigen Anachronismus gesehen, jetzt fanden sie nichts Liebenswürdiges mehr daran. Stifter versuchte, sich den geänderten Verhältnissen anzupassen und über die aktuelle Bildungsidee auch seine Dichtung neu zu legitimieren. Bei der Umarbeitung der schon vor der Revolution entstandenen Erzählungen für die »Bunten Steine« verstärkte er die lehrhaften Momente und widmete die Sammlung der Jugend. Er plante eine Reihe von populären Unterrichtswerken, von denen eines realisiert wurde. Zusammen mit *Johannes Aprent*, einem ihm befreundeten Lehrer der Linzer Realschule, stellte er ein »Lesebuch zur Förderung humaner Bildung« zusammen, dem die ministerielle Anerkennung als Lehrbuch dann allerdings verweigert wurde. Sein Hauptwerk, den »Nachsommer«, schrieb er in der Tradition des deutschen Bildungsromans. Doch Kritik und Publikum erkannten in den »Bunten Steinen« nur die alten »idyllischen Sachen« wieder, die Reaktion auf den »Nachsommer« war zwar aufmerksam, aber schon ziemlich kühl. Den ganz anderen Dichter, als der sich Stifter ursprünglich noch vor dem »Nachsommer« mit einem Geschichtsepos seinen Lesern hatte vorstellen wollen (»um die Gegner nicht herauszufordern«) lernten sie auch im »Witiko« nicht kennen, den er in seinen letzten Jahren mit unsäglicher Anstrengung schrieb und wohl nur getrieben durch Heckenasts ständige Mahnungen zu Ende brachte. Mit der Entfremdung zwischen Autor und Leserschaft wurde auch das Werk immer einsamer und esoterischer.

Bemühungen, das Leben reicher an persönlichen Beziehungen zu machen, schlugen traurig fehl. Die Schwestern *Louise* und *Josefine Stifter* aus Klagenfurt, die er als Verwandte »adoptiert« und nacheinander ins Haus genommen hatte, als Tochter-Ersatz und Gesellschaft für Amalia, starben beide noch ganz jung. 1859 beging die Ziehtochter *Juliana*, eine Nichte Amaliens, mit 18 Jahren Selbstmord in der Donau. »Und Sie werden es glauben, wenn ich Ihnen sage, daß weder meine gute treffliche Gattin noch ich in entferntester Hinsicht an diesem Tode Schuld sind« (29. 1. 59; SW XIX, 154), beschwor er Heckenast; der Kleinstadtklatsch glaubte von Amaliens Härte und Lieblosigkeit gegen das lebendige und eigenwillige Kind zu wissen, das sich in die enge Ordnung des Stifterschen Haushalts nicht einfügen konnte. Einziger Lichtblick der ausgehenden fünfziger Jahre, in die auch der Tod der Mutter fiel, war eine Reise nach Norditalien, die Stifter die Erfüllung einer alten Sehnsucht brachte und einlöste, was er sich von ihr versprochen hatte: »Ich habe das Meer gesehen [...] Ich hatte eine so tiefe Empfindung, wie ich sie nie in meinem Leben gegenüber von Naturdingen gehabt hatte« (20. 7. 1857; SW XIX, 36).

Vom Herbst 1863 an war Stifter nur noch krank. Er hatte schon früher an seiner Krankheit, einer Leberzirrhose, gelitten, jetzt nahm sie ganz von ihm Besitz. Alle Pose fiel von ihm ab. Er war ein gebrochener alter Mann, durch Abmagerung körperlich bis zur Unkenntlichkeit verändert. Kuren in Karlsbad, zu denen er sich das nötige Geld von verschiedenen Bekannten und Institutionen zusammenbitten und leihen mußte, halfen nur für kurze Zeit, dann versank er wieder in die wochenlangen schweren Depressionen, die zu seiner Krankheit gehörten. In langen klagenden Briefen an Heckenast machte er seine Enttäuschung über das Amt und die Menschen dafür verantwortlich, mögliche andere, in ihm selbst liegende Ursachen hat er verschwiegen und verdrängt. Den Selbstmord fürchtete er als eine Folge »sinnverwirrender Schmerzen«, todkrank fügte er sich – niemand weiß, ob aus diesem Grunde – mit dem Rasiermesser einen Schnitt in die Kehle zu, an dem er zwei Tage später starb.

Immer häufiger floh Stifter in diesen letzten Jahren Linz, um in den »Lackenhäusern« im Bayerischen Wald, im Dorf

Karchschlag über Linz sein sehnsüchtiges Verlangen nach Höhen, frischer Luft, klarem Wasser zu stillen. Das war Therapie für Körper und Seele: »Die Sehnsucht nach der Höhe ist der Befehl der Natur, dorthin zu gehen« (22. 1. 1866; SW XXI, 133). Das Streben nach Reinheit ist wohl auch ein Hauptantrieb seiner Dichtung gewesen – die italienische Stifter-Kritik hat von seiner »patologia della chiarezza« gesprochen. Im autobiographischen Fragment »Mein Leben« ist das seine erste klare Erinnerung: »[...] ich sagte: »Mutter, da wächst ein Kornhalm.« Die Großmutter antwortete darauf: »Mit einem Knaben, der die Fenster zerschlagen hat, redet man nicht« (zit. Fischer Dokumente, 1961, 681).

2.1. Politisch-sozialer Hintergrund

Die Regierungszeit *Metternichs* (1815–1848) ist als Metternichsche Reaktion in die Geschichte eingegangen. Ihr oberster Grundsatz war die Verteidigung der bestehenden gesellschaftlichen Verhältnisse gegen alle Veränderungsbestrebungen. Eine neue bürgerliche Revolution sollte um jeden Preis verhindert werden. Mit Metternich begann der langsame Zerfall des Habsburger Reiches, den die großen österreichischen Schriftsteller im späten 19. und frühen 20. Jahrhundert in ihren Werken analysiert haben.

Die Bürger besaßen wenig politische Freiheiten. Theaterstücke, Bücher, Zeitschriften unterstanden der Zensur, die das geistige Leben lähmte. Die berüchtigte Metternichsche Geheimpolizei hatte ihre Spitzel überall und die menschlichen Beziehungen waren deshalb oft durch Mißtrauen vergiftet. Stützen der Dynastie waren Adel, Armee, hoher Klerus und das Beamtentum. Der bürokratische Verwaltungsapparat für das riesige Reich war schwerfällig und ineffektiv:

»Das Wohl des Staates schien davon abzuhängen, daß über jeden Schritt jedes Bürgers ein Akt angelegt, zugleich aber davon, daß niemals ein Akt erledigt wurde, denn jede Erledigung irgendeines Anliegens, einer Beschwerde, eines Streitfalls konnte irgendwelche unvorhergesehenen Wirkungen haben. Diese zum Staatsgrundsatz erhobene Untätigkeit, diese Passivität als Inbegriff der Bürgertugend, dieses unruhige Auf-der-Stelle-treten, die inhaltslose ›Gschaftelhuberei‹, bemächtigte sich der ganzen Gesellschaft und jedes Einzelnen« (E. Fischer, Von Grillparzer bis Kafka. Frankfurt 1975, 13).

Die kleinen Beamten wurden schlecht bezahlt, hatten kaum Aufstiegschancen und waren deshalb bestechlich.

Die Mehrzahl der österreichischen Bevölkerung lebte noch 1848 von der Landwirtschaft. Die Bauern waren ihren Grundherrn zu Frondiensten und Abgaben verpflichtet. Mit der Industrialisierung vollzog sich aber auch in Österreich eine Umschichtung der Bevölkerung, wenn auch langsamer als zum Beispiel in England oder Deutschland. Vom technischen Fortschritt betroffen war wie überall vor allem das Handwerk, entweder durch nationale Industrien oder durch die Konkurrenz billiger ausländischer Importe. Englische Manufakturen zum Beispiel entzogen den österreichischen Leinenwebern ihre Existenzgrundlage. Auch Stifters Vater, der dieses Handwerk gelernt hatte, mußte sich eine andere Arbeit suchen. Ein Proletariat entstand, dessen Probleme und gesellschaftliche Sprengkraft von der herrschenden Schicht nicht erkannt wurde und nicht erkannt werden wollte. »Der Arbeiter war ein entwurzelter Mensch, der unwissend heranwuchs, roh und hemmungslos blieb. Trunkenheit und Sittlichkeitsverbrechen waren in den Elendsvierteln, in denen viele Menschen zusammengepfercht hausten, keine Seltenheit. Der Not und dem Elend, die allenthalben herrschten, zu steuern, blieb rein privater Wohltätigkeit überlassen [...] doch vermochte das alles nicht, wirkliche Abhilfe zu schaffen« (J. Marx 1965, 14). Kinderarbeit war üblich und verbreitet, die Kindersterblichkeit erschreckend hoch.

Die Pariser Julirevolution von 1830 gilt als die Geburtsstunde des österreichischen Liberalismus. Sein Hauptträger wurde die Bürokratie, »die 50 Jahre vorher das Werkzeug gewesen war, mit dem der Josephinismus seine große Reformaktion durchsetzte«. »Der aufgeklärte Geist des Josephinismus lebte in einem Großteil des österreichischen Beamtentums auch während der Restaurationszeit weiter und ermöglichte ihm ein selbstverständliches Einschwenken auf die Seite der liberalen Gedankenwelt« (Kiszling 1948, 9). Dazu kam eine Gruppe liberal gesinnter Aristokraten. Einer der bekanntesten war Graf Anton Alexander von Auersperg, der unter dem Pseudonym *Anastasius Grün* Dichtungen veröffentlichte. Sein Liederzyklus »Schutt«, 1835 in Leipzig erschienen, wurde von der Jugend als revolutionär empfunden und begeistert gelesen. Stifter schwärmte seinem Jugendfreund Adolf Brenner von Felsach von dem Buch vor und wollte es ihm sogar abschreiben, falls nicht anders heran zu kommen sei. Die Liberalen forderten – etwa auf im Ausland gedruckten und nach Österreich geschmuggelten Flugblättern – politische Freiheit, Gewissensfreiheit, wirtschaftliche Freiheit und eine Verfassung. Das sind im wesentlichen auch die Forderungen der bürgerlichen Revolution von 1848. Zum politischen Meinungsaustausch traf man sich in großbürgerlichen und aristokratischen Wiener Salons. Auch Stifter, der mit den Liberalen sympathisierte, ohne sich besonders zu engagieren, hat in den vierziger Jahren in einigen solcher Salons verkehrt. Sozialistische Ideen hatten in Österreich noch kaum Eingang gefunden. Die Arbeiterschaft war »politisch und ideologisch, aber auch sozial gänzlich unfixiert« (Fischer 1962, 109).

Nach revolutionären Aufständen in Paris und in einigen deutschen Staaten brach im März 1848 auch in Wien die Revolution aus. Sie wurde getragen vom Bürgertum, das vor allem politische Ziele verfolgte, Arbeiter und Bauern schlossen sich mit sozialen Forderungen an. Sie wurden durch Not getrieben. In den vorausgegangenen Jahren hatte es eine Reihe von Mißernten gegeben und die Lebensmittel waren knapp und teuer. Daß die Regierung unfähig war zu helfen, »brach die Hauptstütze des Systems, die darauf abgezielt hatte, durch materielle Befriedigung der Massen die politischen Forderungen des Bürgertums zurückzuhalten« (Marx 1965, 167). Metternich wurde gestürzt, der Kaiser flüchtete aus Wien.

Die disparaten Interessen der einzelnen Bevölkerungsgruppen bestimmten dann den Verlauf und das Scheitern der Revolution. Mit der Aufhebung aller Untertänigkeitsverhältnisse, die im August 1848 erklärt wurde, war die Hauptforderung der Bauern erfüllt und der Kampf für sie beendet. Die sozialen und ökonomischen Forderungen der Arbeiter wurden völlig unterdrückt. Das Bürgertum erkannte in ihnen sehr schnell eine Bedrohung der eigenen wirtschaftlichen Interessen – Forderungen wie die nach Abschaffung oder Senkung der Wohnungsmieten »riefen unter der behäbigen Hausherrnschaft einen heillosen Schreck hervor« (Kiszling 1948, 56) – und wandte sich, bitter enttäuscht über die Radikalisierung des Proletariats, der Regierung wieder zu. Für die von ihr garantierte Ruhe und Ordnung nahm sie auch die Zurücknahme schon gewährter Rechte ohne Widerstand in Kauf. Am 4. März 1849 wurde der neugewählte Reichstag wieder aufgelöst und statt des von ihm erarbeiteten fortschrittlichen Verfassungsentwurfes die sogenannte »oktroirte Verfassung« proklamiert. In der ›Linzer Zeitung‹ versuchte Stifter, sie der Bevölkerung nahe zu bringen: »Der Kaiser von Österreich hat seinem Reiche eine Verfassung gegeben. Da erhebt sich nun der Vorwurf: Warum hat er sie nicht von den Staatsbürgern selber machen lassen, warum hat er nicht abgewartet, bis der Reichstag, der doch zu dem Zwecke zusammen gekommen war, dieselbe fertig gebracht hätte?« (SW XVI, 59). Stifter beantwortete diese sehr berechtigte Frage mit der politischen Unmündigkeit der Masse, die zur Freiheit der Selbstbestimmung noch nicht reif sei. K. G. Fischer hat sein Eintreten für eine Maßnahme, die *das* erklärte Ziel der Revolution aufhob, realpolitisch genannt.

Niedergeschlagen wurden auch die durch die Revolution mit ausgelösten Aufstände der im Habsburger Reich zusammengeschlossenen Völker, die nach nationaler Unabhängigkeit strebten. Die tschechische Erhebung in Prag wurde 1848 unter dem

Fürsten Windischgrätz unterdrückt. Die oberitalienischen Provinzen unterwarf man ›mit blutiger Strenge‹. Den Freiheitskampf der Ungarn schlugen die Österreicher mit Hilfe russischer Truppen nieder. Das besiegte Ungarn wurde mit außerordentlicher Härte ›bestraft‹, durch Aufhebung der Verfassung, den Verlust von Siebenbürgen und Kroatien, die Hinrichtung vieler Führer. Daß ein solches Vorgehen nur recht und billig war, stand für Stifter außer Frage. Wer sich aus dem Verband des Habsburger Reiches lösen wollte, war seiner Meinung nach einfach böse. Ein erregter Brief an Heckenast vom 6. März 1849, der die ungarischen Ereignisse kommentiert, ergeht sich vor allem in Beschimpfungen Kossuths, des Gouverneurs der seperatistischen ungarischen Regierung, – er sei entweder ein Verbrecher oder ein frecher Mensch, der nur den »Begierden und Lüsten« der Menge habe schmeicheln wollen. In solchen Urteilen spricht sich ein ganz ungebrochener Patriotismus aus, wie auch in den Ergebenheitsadressen an Kaiser und Obrigkeit, die er für die ›Linzer Zeitung‹ schrieb. Diese Seite Stifters ist uns heute wohl am wenigsten erträglich. Da heißt es zu Kaisers Geburtstag am 20. 8. 49: »[...] das schönste Angebinde an Se. Majestät [war] die Nachricht von der Waffenstreckung Görgey's mit 30 000 Mann. Das wirkte fast zauberhaft, alle Angesichter waren freudig, alle Augen glänzten, und das Mahl wurde ein gehobenes und fröhliches in jedem Sinne« (SW XVI, 77).

Nach den großen innen- und außenpolitischen Bewegungen um 48 herrschte in Österreich wiederum die Kirchhofsruhe der politischen Reaktion.

Literatur:

Uhlirz, Karl: Handbuch der Geschichte Österreichs und seiner Nachbarländer Böhmen und Ungarn. Graz, Wien, Leipzig (II. Bd. 1. Abt.) 1930, (II. Bd. 2) 1941
Hantsch, Hugo: Die Geschichte Österreichs. Bd. 2, Graz, Wien, Köln 1968
Zöllner, Erich: Geschichte Österreichs. Von den Anfängen bis zur Gegenwart. 4. Aufl. München 1970
Die Habsburgermonarchie 1848–1918. 1. Bd. hrsg. von *Alois Brusati*. Wien 1973; 2. Bd. hrsg. von *Adam Wandruszka* und *Peter Urbanitsch* 1975

Zenker, Ernst Victor: Die Wiener Revolution 1848. Wien, Pest, Leipzig 1897
Kiszling, Rudolf: Die Revolution im Kaisertum Österreich 1848/49. 2 Bde. Wien 1948

Marx, Julius: Die österreichische Zensur im Vormärz. Wien 1959
ders.: Die wirtschaftlichen Ursachen der Revolution von 1848 in Österreich. Graz, Köln 1965

Valjavec, Fritz: Der Josephinismus. Brünn, Wien 1944

Aufsätze und Artikel *Stifters* zu Politik und Zeitgeschichte sind in *Eisenmeiers* Bibliographie (1964) einzeln aufgeführt. Wiederabgedruckt sind sie in SW XVI.

Blumenthal, Hermann: Adalbert Stifters Verhältnis zur Geschichte. In: Dichtung und Volkstum (Euph.) 34 (1933), S. 72–110
ders.: Adalbert Stifter und die deutsche Revolution von 1848. In: Dichtung und Volkstum (Euph.) 41 (1941), S. 211–237
Bietak, Wilhelm: Grillparzer – Stifter – Feuchtersleben. Die Unzeitgemäßen des Jahres 1848. In: DVjs. 24 (1950), S. 243–268
Brunnhofer-Wartenberg, Ruth: Adalbert Stifters Verhältnis zum historisch-politischen Leben seiner Zeit. Diss. Berlin 1951
Epping, Walter: Stifters Revolutionserlebnis. In: Weimarer Beiträge 3 (1955), S. 246–260
Weiss, Hermann F.: Vorspiel zur Revolution. Die Bewertung der Demut in den vierziger Jahren des 19. Jahrhunderts. In: ZfdPh 97 (1978), S. 204–225

2.2. Literarisch-historische Beziehungen

»Who could possibly approve of Metternich
and his Thought Police? Yet in a more liberal
milieu would Adalbert Stifter have written
his noble idylls?«

(W. H. Auden, Pseudo-Questions)

Daß nichts von den politischen Ereignissen und sozialen Problemen der Zeit in den »Nachsommer« eingegangen ist, hat Arno Schmidt zum Ausgangspunkt seiner Polemik gegen diesen Roman gemacht, aber schon zeitgenössische Kritiker haben Stifter seine Weigerung vorgeworfen, sich im poetischen Werk mit seiner Zeit und ihren Problemen auseinanderzusetzen, sie überhaupt darin vorkommen zu lassen. Mit Anspielung auf die Bemühungen des Jungen Deutschland um eine aktuelle Literatur und um einen Roman, der die Gegenwart unmittelbar spiegelt, schreibt Lorm 1847 in einer Kritik der »Studien«:

»Es verrät den erstaunlichsten Egoismus, oder eine nicht minder erstaunliche Borniertheit, daß Stifter, in seinen Werken noch ganz subjektiv, der Zeit doch so gänzlich den Rücken zuwendet, als wären alle in ihr entfesselten Geister, alle neuen Richtungen, in welche die Schönheit sich heute teilt und auf denen sie sich unter den verzweifelten Kämpfen zu behaupten sucht, nicht würdig, zu seiner eigenen Entwicklung beizutragen« (Enzinger 1968, Nr. 100, 111).

Bis heute ist das ein Haupteinwand von den vor allem ausländischen Literaturwissenschaftlern geblieben, die Stifters Werke kritisch an den großen realistischen Romanen und Erzählungen der Franzosen, Engländer, Russen messen. Im Vergleich zu ihrer Welt- und Problemhaltigkeit erscheint Stifters Rückzug in das ewige Reich von Kunst und Natur provinziell und esoterisch zugleich – »noble idyll«. Zwar haben sich alle deutschsprachigen »poetischen Realisten« Provinzialität vorwerfen lassen müssen, aber keiner von ihnen ist mit dem Verzicht auf Aktualität so weit gegangen wie Stifter. Selbstverständlich gründet solche Kritik auf einer Kunstauffassung, die die Qualität eines um die Mitte des 19. Jh.s entstandenen Erzählwerks u. a. an ein adäquates, gesellschaftliches Problembewußtsein des Autors bindet.

Umgekehrt hat man immer wieder darauf hingewiesen, wie »typisch« sich in Stifters Kunst das Lebensgefühl von Restaurationszeit und Biedermeier spiegelt (Biedermeier soll hier die kulturhistorische Physiognomie einer Epoche bezeichnen, die in etwa mit der Restaurationszeit zusammenfällt; auf die Begriffsdiskussion kann an dieser Stelle nicht näher eingegangen werden). Der Rückzug in die Privatheit von Haus und Familie, Einordnung des Einzelnen in die Gemeinschaft und Kritik an übersteigerter Subjektivität, die Idealität eines praktisch-tätigen Daseins, Resignation und Entsagung sind Themen, Werte, Züge, die Stifter mit der Literatur seiner Zeit gemeinsam hat. Seine erklärt unpolitischen Erzählungen zeigen die Wirkung einer Politik, die die politische Aktivität des einzelnen Bürgers so weit wie möglich einzuschränken suchte. 1850 begrüßte ein Kritiker die letzten Bände der »Studien« als eine »Erinnerung an die gute Zeit, als wir viele harmlose Stunden mit ihnen zubrachten, von der in Metternichs Armen schlafenden Welt durch kein politisches Geräusch gestört« (Enzinger 1968, Nr. 125, 141). Botschaften der »Studien«-Erzählungen wie die Mahnung zum Mittelmaß, zur disziplinierten Resignation und Mäßigung hat Magris geradezu als »pädagogischen Beitrag zum habsburgischen System« gedeutet. Und Restauration – ästhetische Restauration im »Nachsommer«, politische im »Witiko« – ist das zentrale Thema der Stifterschen Romane.

Stifter hat sich zur Verteidigung gegen den Vorwurf mangelnder Aktualität stets auf die Verklärungspoetik des deutschen Idealismus berufen. Den von Lorm beispielhaft angeführten »neuen Richtungen, in welche die Schönheit sich heute teilt«, stellte er programmatisch die autonome Kunst der Klassik entgegen:

»Das junge Deutschland habe ich am meisten gefürchtet, indem ich mit einer Schattirung desselben, die Tagesfragen, und Tagesempfindungen in die schöne Litteratur zu mischen, ganz und gar nicht einverstanden bin, sondern im Gegentheile meine, daß das Schöne gar keinen andern Zwek habe, als schön zu sein, und daß man Politik nicht in Versen und Deklamationen macht, sondern durch wissenschaftliche Staatsbildung, die man sich vorher aneignet, und durch zeitbewußte Thaten, die man nachher sezt, seien sie in Schrift, Wort, oder Werk« (9. 1. 1845; SW XVII, 138).

Die politischen Implikationen dieser radikalen Trennung von Kunst und Politik werden übrigens schon sehr bald nach 1848 deutlich greifbar, wenn Stifter etwa behauptet, daß die Revolution nur die »praktische Anwendung des kritischen Prinzips in der Literatur« (Widhammer) gewesen sei – eine Meinung, der man nach heutigen Verhältnissen modifiziert immer noch begegnen kann: »Die Revolution ist sogar aus dem Frasenthume der Afterlitteratur hervorgegangen« (13. 10. 49; SW XVIII, 15).

Die Trennung von Kunst und gegenwärtiger Wirklichkeit – so, daß beide Bereiche einander wechselseitig ausschließen – war eine Konsequenz der idealistischen Ästhetik, die in den kunsttheoretischen Diskussionen der Hegelianer auch formuliert wurde. So stellte der Literaturwissenschaftler *Hermann Hettner* fest, das Kunstwerk der Gegenwart könne Schönheit nur auf Kosten der Wirklichkeit und Wirklichkeit nur auf Kosten der Schönheit erreichen. Jeder Künstler der Gegenwart müsse für sich die grundsätzliche Frage entscheiden: »Was soll siegen, die Ästhetik oder die Geschichte?« (zit. Manifeste 1976, Bd. 1, 20). Stifter wählte die Ästhetik. Die Kompromißlosigkeit, mit der er diese Entscheidung auch praktisch verwirklichte, trennt ihn vom literarischen Realismus seiner Zeit, mit dessen Programm er sonst in allen wesentlichen Punkten übereinstimmte. Bezeichnenderweise lehnte er Gustav Freytags »Soll und Haben«, einen Roman, der realistischer Forderung gemäß »durchschnittliches, alltägliches Leben« gestaltete, schroff als »Leihbibliotheksfutter« ab.

Ein realistisches Literaturprogramm – das als solches allerdings nie formuliert und vorgetragen wurde – bildete sich ungefähr zwischen 1848 und 1866 vor allem in den Literaturkritiken des ›Grenzboten‹ heraus, in Gestalt einer Reihe von Postulaten, »die sich des argumentativen Beweises ebenso wie der empirischen Nachforschung zu entziehen suchen« (Bucher, Manifeste, 1976, Bd. 1, 47). Der für die realistischen Kritiker und Schriftsteller typische »Mangel an Theorie und Überschuß an Programmatik« (Bucher) ist bei Stifter besonders stark ausgeprägt. Die Forderungen der Realisten hat Max Bucher in einer Untersuchung zum Dichtungsbegriff des Realismus zusammengestellt. Im folgenden soll daraus etwas ausführlicher zitiert werden, weil erst vor diesem Hintergrund Typisches an Stifters Entwicklung und literarischen Urteilen erkennbar wird:

»Vischer, Hettner, Gottschall und vor allem die *Grenzboten* tragen ihre theoretischen Forderungen als Kritik an der vergangenen und zeitgenössischen Literatur vor. Hauptgegner ist dabei die Romantik, verstanden als Kollektivbegriff für eine Geisteshaltung, die als Dualismus, Supranaturalismus oder einseitiger Idealismus ein lebens- und wirklichkeitsfeindliches Prinzip vertritt und deshalb in allen Erscheinungsweisen zu bekämpfen ist [...] Die verderblichen Auswirkungen des romantischen Geistes sieht Schmidt [der Herausgeber des ›Grenzboten‹] vor allem bei den skeptischen Jungdeutschen [...] Das Gegensatzpaar krank/gesund wird unter dem Oberbegriff der Sittlichkeit zum wichtigsten Unterscheidungsmerkmal zwischen alter und neuer Kunst. Unter gesunder Kunst wird die bejahende Darstellung durchschnittlichen, alltäglichen Lebens und einfacher Verhältnisse verstanden.« Das Gegenteil sind »jene anonymen, individuellen Krankheitsgeschichten«, wie sie zum Beispiel Hebbel bevorzugt. »Der romantische Geniebegriff wird verworfen [...] Statt dessen wird die ›sittliche‹ Natur gefordert. Die Reflexion, also eine kritische oder ironische Distanz zum Dargestellten, wird als Grundübel der Romantik und des Jungen Deutschland abgelehnt und eine Rückkehr zum Einfachen, Schlichten, Unmittelbaren gefordert« (Bucher, Manifeste 1976, Bd. 1, 41 ff.).

Von Stifters Kritik am Jungen Deutschland war schon die Rede. Einzelne Autoren – Heine, Mundt – lehnte er scharf als unsittlich ab – viel jungdeutsche Literatur wird er ohnehin kaum gelesen haben. In den »Studien« entwickelte er sein eigenes poetisches Programm in bewußter Opposition zur Romantik, allerdings zunächst in romantischen Formen; auch spätere Dichtungen sind noch durch den antiromantischen Affekt geprägt. Vorbilder für die von ihm postulierte objektive, klassische, sittliche Kunst fand er in der Vergangenheit: in der Antike, im Mittelalter, in der empfindsamen und klassischen Dichtung des deutschen Idealismus. Das von ihm und Aprent zusammengestellte »Lesebuch zur Förderung humaner Bildung« dokumentiert eine besondere Vorliebe für *Herder* und für Humboldtsche Lebensweisheiten. Stifters größtes Leseerlebnis waren um 1830 die Romane *Jean Pauls,* jedenfalls hat sich danach kein anderer Einfluß so stark und unmittelbar im Werk niedergeschlagen. Die Wendung von Jean Paul zu *Goethe* im Zusammenhang mit der Abkehr von der Romantik hatte dagegen eher programmatischen Charakter, obwohl das Bekenntnis zu Goethe dann in den Briefen zu einer Art Leitmotiv wurde, genauer, das Bekenntnis zum ›klassischen‹ Dichter der »Iphigenie«. Dieses Werk wurde für Stifter schon fast zum Synonym für Goethes Schaffen. Konkrete Äußerungen zu einzelnen Werken gibt es kaum. Er hat seine Vorliebe für bestimmte Texte – etwa auch für die »Novelle« – allerdings im »Lesebuch zur Förderung humaner Bildung« dokumentiert. Der Zeitgenosse *Hebbel* wurde ihm zum Inbegriff der pathologischen Kunst der Moderne. In einem zur Veröffentlichung bestimmten Brief an den Augsburger Verleger und Redakteur Aurelius Buddeus, in dem er ästhetische Fragen erörtert, geht Stifter ganz erregt mit Hebbel ins Gericht: »In diese rohe und ungeklärte, auch niemal gemäßigte und gebändigte Last ist nicht der schwächste Strahl des Schönen gedrungen daher dieses Ergehen im Ungeheuerlichen im Absonderlichen, in ganz von jedem Maß abweichenden, was wie Kraft aussehen soll, aber in der That Schwäche ist« (21. 8. 47; SW XII, 248). Im übrigen hat Stifter die bedeutenden in- und ausländischen Schriftsteller seiner Zeit nicht zur Kenntnis genommen. Ausnahmen sind der amerikanischen Lederstrumpf-Dichter *James Fenimore Cooper* und der sich wie er als Unzeitgemäßer fühlender, allerdings unendlich viel problembewußtere *Franz Grillparzer*. Den Einfluß Coopers glaubt man vor allem in der Erzählung »Der Hochwald« zu spüren, in der ursprüngliche, vorgesellschaftliche Natur aus dem exotischen Raum der amerikanischen Wildnis in die vertraute heimatliche Böhmerwaldlandschaft übersetzt scheint. Grillparzers Erzählung »Der arme Spielmann« hat zwei »Bunte Steine«-Erzählungen – »Kalkstein« und »Turmalin« – angeregt und beeinflußt.

Weshalb hat sich Stifter durch Abwehr alles ihm Fremden so stark vom geistigen Leben seiner Zeit isoliert? Offenbar hat er diese Isolation für sein Schaffen gebraucht. Seinem Publikum trat er als Prophet und Rufer in der Wüste gegenüber, der allein in einer Zeit des Verfalls die Idee der wahren Kunst festhalte — in der Johannes-Rolle verbarg sich wohl der Anspruch, schon selbst der angekündigte Heiland zu sein. Diese höhere Weihe und Legitimation konnte er seiner Kunst nur geben durch das sichere Bewußtsein, keinesgleichen zu haben. Zweit- und drittklassige Schriftsteller und Schriftstellerinnen hat er meist über Gebühr gelobt. Weil sie mit ihm nicht konkurrieren konnten, aus Freundschaft, sicher auch oft, weil ihm ihre Werke wirklich gefielen, denn die ungetrübte Sittlichkeit, die er von einem Kunstwerk unbedingt forderte, war zu seiner Zeit nur noch in trivialer und konventioneller Poesie zu finden.

Literatur:

Magris, Claudio: Der habsburgische Mythos in der österreichischen Literatur. Salzburg 1966; darin: Stifter S. 135–152 (zuerst Turin 1963)

Schorske, Carl E.: Die Verwandlung des Gartens. Ideal und Gesellschaft in Österreich von Stifter bis Hofmannsthal. In: Wort und Wahrheit 22 (1967), S. 523–555

Weiss, Walter: Österreichische Literatur — eine Gefangene des habsburgischen Mythos? In: DVjs. 43 (1969), S. 333–345

Magris, Claudio: Totalità e riduzione in Stifter. In: Annali. Sezione Germanica 16 (1973) I, S. 55–70, S. 283

Freschi, Marino: Il motivo de »mito absburgico« nell' opera di Stifter. In: Momenti di cultura tedesca (1975), S. 183–192

Greiner, Ulrich: Der Tod des Nachsommers. Über das Österreichische in der österreichischen Literatur. In: Neue Rundschau 88 (1977), S. 348–361

Zuber, Margarethe: Die deutschen Musenalmanache und schöngeistigen Taschenbücher des Biedermeier 1815–1848. Diss. München 1955; In: Börsenblatt f. d. dt. Buchhandel. Frankfurter Ausg. XIII (1957), S. 869 ff.

Hermand, Jost: Die literarische Formenwelt des Biedermeier. Gießen 1958

Zur Literatur der Restaurationsepoche. 1815–1848. Hrsg. von *Jost Hermand* und *Manfred Windfuhr.* Stuttgart 1970

Sengle, Friedrich: Biedermeierzeit. Deutsche Literatur im Spannungsfeld zwischen Restauration und Revolution. 1815–1848. Stuttgart (Bd. 1) 1971, (Bd. 2) 1972

Begriffsbestimmung des literarischen Biedermeier. Hrsg. von *Elfriede Neubuhr.* Darmstadt 1974 (Wege der Forschung CCCXVIII)

Behrens, Wolfgang W. (u. a.): Der literarische Vormärz. München 1973
Stein, Peter: Epochenproblem »Vormärz« 1815–1848. Stuttgart 1974 (Sammlung Metzler Bd. 132)
Bock, Helmut u. a. (Hrsg.): Streitpunkt Vormärz. Beiträge zur Kritik bürgerlicher und revisionistischer Erbeauffassungen. Berlin 1977

Holske, Alan: Stifter and the Biedermeier crisis. In: Studies in honor of John Albrecht Walz. Lancaster 1941, S. 256–290
Heselhaus, Clemens: Wiederherstellung. Restauratio–Restitutio–Regeneratio. In: DVjs. 25 (1951), S. 54–81
Höllerer, Walter: Adalbert Stifter. In: W. H., Zwischen Klassik und Moderne. Lachen und Weinen in einer Dichtung der Übergangszeit. Stuttgart 1958, S. 557–577
Himmel, Hellmuth: Probleme der österreichischen Biedermeiernovellistik. Ein Beitrag zur Erkenntnis der historischen Stellung Adalbert Stifters. In: Vj. 12 (1963), S. 36–59

Preisendanz, Wolfgang: Voraussetzungen des poetischen Realismus in der deutschen Erzählkunst des 19. Jahrhunderts. In: Formkräfte der deutschen Dichtung. Göttingen 1963, S. 187–210
Begriffsbestimmung des Literarischen Realismus. Hrsg. von *Richard Brinkmann*. Darmstadt 1969 (Wege der Forschung CCXII)
Widhammer, Helmuth: Realismus und klassizistische Tradition. Zur Theorie der Literatur in Deutschland 1848–1860. Tübingen 1972
Realismus und Gründerzeit. Manifeste und Dokumente zur deutschen Literatur 1848–1880. Mit einer Einführung in den Problemkreis und einer Quellenbibliographie hrsg. von *Max Bucher, Werner Hahl, Georg Jäger* und *Reinhard Wittmann*. 2 Bde. Stuttgart 1976
Widhammer, Helmuth: Die Literaturtheorie des deutschen Realismus (1848–1860). Stuttgart 1977 (Sammlung Metzler Bd. 152)
Aust, Hugo: Literatur des Realismus. Stuttgart 1977 (Sammlung Metzler Bd. 157)

Lukács, Georg: Erzählen und Beschreiben: Zur Diskussion über Naturalismus und Formalismus [1936]. In: *Richard Brinkmann* (Hrsg.): Begriffsbestimmung des Literarischen Realismus. Darmstadt 1969 (Wege der Forschung CCXII)
Zenker, Edith: War Stifter Realist? In: NDL H. 10 (1956), S. 97–109
Reuter, Hans-Heinrich: Stifter war Realist. In: NDL H. 9 (1957), S. 120–129; *Edith Zenkers* Erwiderung S. 129–136
Buch, Hans Christoph: Ut pictura poesis. Die Beschreibungsliteratur und ihre Kritiker von Lessing bis Lukács. München 1972

Kosch, Wilhelm: Adalbert Stifter und die Romantik. Prag 1905, 2. erw. Auflage Nymwegen, Würzburg, Brünn 1942

Müller, Günter: Stifter, der Dichter der Spätromantik. In: Jahrbuch des Verbandes der Vereine katholischer Akademiker (1924), S. 18–77

Stapf, Paul: Jean Paul und Stifter. Studien zur Entwicklungsgeschichte des jungen Stifter. Berlin 1939 (Germanische Studien 208)

Wilhelm, Gustav: Herder, Feuchtersleben und Stifter. In: G. W., Begegnung mit Stifter. München 1943, S. 25–44

Müller, Joachim: Die Polemik zwischen Hebbel und Stifter und Stifters Ethos vom »Sanften Gesetz«. In: Gedenkschrift für F. J. Schneider (1879–1954). Hrsg. von Karl Bischoff. Weimar 1956

Thurnher, Eugen: Eichendorff und Stifter. Zur Frage der christlichen und autonomen Ästhetik. Wien 1961 (Österreichische Akademie der Wissenschaften. Phil. hist. Klasse. Sitzungsberichte, 236, 5)

Stillmark, A.: Stifter contra Hebbel. An Examination of the Sources of their Disagreement. In: GLL 21, 22 (1967, 68), S. 93–107

Korff, Friedrich Wilhelm: Diastole und Systole. Zum Thema Jean Paul und Stifter. Bern 1969 (Basler Studien zur deutschen Sprache und Literatur 37)

Hein, Jürgen: Adalbert Stifter und die Dorfgeschichte des 19. Jhds. In: Vj. 21 (1972), S. 23–31

Enzinger, Moriz: Stifter und die altdeutsche Literatur. In: Sitzungsberichte der Österr. Akademie der Wiss. Phil.-hist. Klasse, Bd. 238, 4. 1961; Wiederabgedruckt in *M. E.*, Gesammelte Aufsätze zu A. Stifter. Wien 1967, S. 328–364

Browning, Barton W.: Cooper's Influence on Stifter: Fact or Scholarly Myth? In: MLN 89 (1974), S. 821–828

Bleckwenn, Helga: Stifter und Goethe. Untersuchungen zur Begründung und Tradition einer Autorenzuordnung. Frankfurt, Bern 1977 (Regensburger Beiträge zur deutschen Sprach- und Literaturwissenschaft 8)

Stifters literarische Rezensionen in: SW XIV

Schlegelmilch, Wolfgang: Adalbert Stifters Verhältnis zu Kritik und Publikum. In: Neophilologus 40 (1956), S. 277–290

Schmidt, Adalbert: Stifter als Literaturkritiker. In: Vj. 5 (1956), F. 1/2, S. 57–74

3.1. »Studien«

Alle Erzählungen, die später als *Studien* gesammelt und in dieser Buchfassung bekannt wurden, sind zunächst in Zeitschriften, Almanachen und Taschenbüchern erschienen, die meisten in der von Gustav Heckenast verlegten, vom Grafen Mailáth herausgegebenen ›Iris‹. Vorwiegend Frauen lasen diese in der Regel jährlich erscheinenden, gefällig aufgemachten, illustrierten Sammlungen leichter poetischer Kost – zumeist Novellen und Gedichte –, die im Biedermeier sehr beliebt und verbreitet waren. Vor allem Stifters früheste Erzählungen erscheinen noch durch Adressat und Erscheinungsort geprägt. Als erste Erzählung veröffentlichte Stifter 1840 *Der Condor*, danach, noch im gleichen Jahr *Das Haidedorf* und *Feldblumen* (1841). Alle drei Erzählungen waren schon früher entstanden bzw. gehen auf ältere Entwürfe zurück. Chronologisch am Anfang steht wohl »Das Haidedorf«, in dem anders als bei den beiden übrigen Erzählungen noch nichts vom Einfluß der Jean Paul-Lektüre um 1830 zu merken ist. Weitere Geschichten erschienen in ziemlich rascher Folge.

1842 schlug Stifter Heckenast eine Buchausgabe seiner Erzählungen vor und verpflichtete sich damit zur Produktivität, denn die meisten der insgesamt 13 Erzählungen, die von 1844–1850 in 6 Bändchen unter dem Titel *Studien* herauskamen, lagen zu diesem Zeitpunkt noch gar nicht vor. Die Abfassung neuer und die Umarbeitung alter Geschichten gingen dabei nebeneinander her, denn Stifter arbeitete für die Buchausgabe sämtliche Erzählungen sehr gründlich um. Von allen existieren deshalb zwei Fassungen: die Journalfassung oder Urfassung und die »Studien«-Fassung. Von der *Mappe meines Urgroßvaters* sind außerdem noch zwei Fragment gebliebene Bearbeitungen aus der Spätzeit überliefert. Praktisch bedeutete diese Arbeitsweise eine ständige Verschränkung verschiedener Entwicklungsstufen. Ihre Integration führte manchmal zu Brüchen und Unstimmigkeiten – wenn etwa die Fabel einer Urfassung nicht mehr zu geänderten Zielsetzungen paßte.

Der Titel »Studien«, in dem sich noch der Maler Stifter zu erkennen gibt, weist schon auf den Versuchscharakter der Erzählungen hin, in denen ganz unterschiedliche Vorbilder aufgegriffen und durchprobiert werden: Jean Paul (»Feldblumen«, »Der Condor«), E. T. A. Hoffmann, Achim von Arnim (»Die Narrenburg«), J. F. Cooper und Schauerromantik (»Der Hochwald«), Herdersche Bibeldichtung (»Das Haidedorf«, »Abdias«), Reiseexotik (»Brigitta«, »Abdias«, »Zwei Schwestern«), problematische und humoristische Charakternovelle (»Der Hagestolz«, »Der Waldsteig«), moralisierende Kalendergeschichte (»Der beschriebene Tännling«) usw. Das bunte Bild dieser Aufzählung, die sich fortsetzen ließe, täuscht allerdings etwas, denn in den verschiedenen Einkleidungen wandelt Stifter immer wieder die gleichen, eher einförmigen Themen und Probleme ab. Verhalten, fast verschwiegen wird von meist problematischen Liebesbeziehungen, von vereinsamten alten Menschen, von Sündenfall und Läuterung, von Schicksal und Schuld erzählt. Seine schönen Jungfrauen, fleißigen Jünglinge und weisen alten Leute – kaum einmal jemand in der Blüte seiner Jahre – sind die verkörperte Sittlichkeit. Schon Gedankensünden reichen aus, um ihr Lebensglück ernsthaft zu gefährden, in jedem Fall müssen Verfehlungen unverhältnismäßig schwer gebüßt werden. Das Leben dieser Figuren spielt sich fast immer fern von großen Städten in Dörfern oder auf abgelegenen Landsitzen ab, wo sie Land kultivieren oder Blumen züchten oder Häuser bauen und einrichten. Es gibt kaum äußere Handlung, Auseinandersetzungen, dramatische Auftritte und das, was passiert, schreitet ganz langsam, fast unmerklich fort. »Sehr, sehr wenig Begebenheit, aber eine herrliche Szenerieschilderung und ausgezeichnete Sprache« (Enzinger 1968, Nr. 6, 33), faßt ein zeitgenössischer Kritiker seinen Eindruck zusammen.

Die herrliche Szenerieschilderung vor allem hat Stifter bekannt und berühmt gemacht. Er ist als poetischer Landschaftsmaler in die Literaturgeschichte eingegangen. Über den historischen Ort dieser Kunst war die Kritik seiner Zeit geteilter Meinung. Für die meisten Kritiker war sie ein Beispiel »beschreibender Poesie«, die seit Lessings Verdikt im »Laokoon« als überwunden und anachronistisch galt, weshalb sich in die Bewunderung auch oft etwas Herablassung mischt. Einzelne, wie Georg Schirges in Gutzkows ›Telegraph für Deutschland‹, haben dagegen gerade darin ihre Aktualität gesehen: »Diese Studien verdienen vorzugsweise *modern* genannt zu werden; sie sind das Ergebnis einer *poetischen wissenschaftlichen Anschauung des kosmischen Ganzen,* durch welche die Begriffe über Gegensätze zwischen Natur und Mensch, wie sie sich im klassischen und Mittelalter geltend machten, modifiziert werden« (Enzinger 1968, Nr. 28, 42 f.).

Stifter ordnete die »Studien«-Erzählungen (wenn auch nicht streng) chronologisch an. Dazu zwang ihn seine Produktionsweise, zugleich aber konnte er dem Leser seine künstlerischen Fortschritte demonstrieren, die besonders am Anfang sehr eindrucksvoll sind: der Erscheinungszeit nach liegen die Urfassungen der noch zerfahrenen, verkrampften, jeanpaulisierenden »Feldblumen« (1840) und des »Abdias« (1843) nur drei Jahre auseinander. Natürlich machte auch Übung den Meister, aber darauf allein verließ sich Stifter nicht. Seine Entwicklung ist vor allem Ergebnis und zugleich Ziel harter Arbeit, ist bewußt als Entwicklung produziert. Ihr formal-ästhetisches und inhaltlich ethisches Programm – beides ist bei Stifter nicht zu trennen – heißt Objektivierung. Es war zunächst ein ausgesprochenes Antiprogramm gegen das subjektive Wesen der Romantik, das sich dann im Laufe des Stifterschen Schaffens bis zu einem gewissen Grade von diesem polemischen Bezugspunkt löste.

Schon die frühen »Studien«-Erzählungen, die noch sehr stark romantischen Traditionen verpflichtet sind, enthalten viele ganz unromantische, gegenläufige Züge. Daß sich Stifter vom romantisch-subjektiven zum objektiven Dichter entwikkelt habe, wie es immer wieder in der Sekundärliteratur heißt, ist nur unter diesem Vorbehalt richtig. Zu der zunächst wohl noch unbewußten antiromantischen Haltung hat sich Stifter sehr bald bekannt und sie in seinen Erzählungen thematisiert. Der Spannung zwischen subjektiver und objektiver Form der Weltaneignung verdanken fast alle »Studien«-Erzählungen ihre Form, ihre Topographie, den Konflikt – etwa als Gegeneinander von Besonderem und Allgemeinem, Kunst und Leben, problematischer Zerrissenheit und harmonischer Ganzheit – und ihre Botschaft vom Wert des objektiv Bestehenden.

Die »Botschaft der Objektivität« verbindet sich mit den Fragen nach dem Lebenssinn und nach menschlichen Glücksmöglichkeiten. Stifter lastet das unglückliche Bewußtsein des romantischen (das ist zugleich: des modernen) Menschen einer subjektiven Verfälschung der Wirklichkeit an. Wenn sich der einzelne handelnd und wahrnehmend von ihr leiten ließe – der Forderung der Dinge folgte, um eine spätere, berühmt gewordene Formulierung aufzugreifen –, dann wären Sinngewißheit und Lebensglück garantiert. Doch wird Sinn in all seinen Erzählungen nur postuliert, ohne die Legitimation durch die Wirklichkeitserfahrung seiner Figuren, bzw. gegen diese Erfahrung, oder er kann nur darum behauptet werden, weil die Figuren keine Erfahrungen machen dürfen. Am krassesten ist dieser Widerspruch zwischen Sinnbehauptung und erzählerisch gestalteter Sinnlosigkeit im »Abdias«, der wohl berühmtesten »Studien«-Erzählung. Um seine Auflösung hat sich eine lange Reihe von Interpreten, wie mir scheint, vergeblich, bemüht. Ähnlich unbefriedigend wird in der »Mappe meines Urgroßvaters« die Hiob-Frage nach dem Sinn des individuellen Leidens mit dem Hinweis auf einen übergreifenden Schöpfungsplan beantwortet. Daß Sinn behauptet wird, ohne daß seine Erfahrung noch möglich wäre, ist eine Konstellation, die (wie Stern bemerkt hat) schon an die Dichtungen Kafkas erinnert. Stifters Versuch, als Moralist eine kausale Verbindung zwischen Schuld und Schicksal herzustellen, gelingt ihm nirgendwo überzeugend, auch nicht im »Abdias« und in der »Mappe«, die das Problem thematisieren – wenn man die Schuld nicht existentiell, als Sündenfall der Individuation verstehen will. Stifter hat diese für einen Epiker an sich unmögliche Lösung versucht – unmöglich darum, weil er sich damit tendenziell das Erzählen von Geschichten überhaupt verbietet. Diesen »ontologischen Stil« Stifters, der auf die Gestaltung des »reinen Seins« zielt und letztlich in die Tautologie mündet, hat Stern in seinen problematischen Konsequenzen diskutiert (1968). Er geht dabei von der Erzählung »Der Waldgänger« aus.

Stifters »Studien«-Erzählungen behandeln ihren zentralen Gegenstand – die Kritik subjektiver Weltaneignung – vor allem am Beispiel der Künstlerproblematik, die er mit der eigenen existentiellen Problematik identifizieren konnte. Das unglückliche Bewußtsein der Moderne wird seit der Romantik exemplarisch durch die Figur des Künstlers repräsentiert. Nach romantischem Vorbild leiden die Maler und Dichter-Helden der ersten veröffentlichten Erzählungen (»Haidedorf«, »Condor«, »Feldblumen«) am Riß zwischen Ich und Welt, den Forderungen des Herzens und den Bedingungen der äußeren Wirklichkeit, werden aber zum Verzicht auf ihre individuellen Ansprüche gebracht oder erzogen. Versöhnung zwischen Ich und Welt wird so durch einen Akt der Unterwerfung erreicht. Auch Erzählungen, in denen auf den ersten Blick nicht von Kunst die Rede ist, werden verdeckt durch die Kunst/Leben-Problematik bestimmt. Figuren wie »Abdias« und »Brigitta« sind Verkörperungen problematischer Künstlerexistenz, gehen allerdings in dieser Funktion nicht auf. Reine Allegorien von Kunst und Leben hat Stifter dagegen in den »Zwei Schwestern« der gleichnamigen »Studien«-Erzählung entworfen, zwischen denen sich der Ich-Erzähler der Geschichte als Liebender entscheiden muß. Die Entscheidung gegen die »Kunst-Schwester«, der sein Herz eigentlich gehört, ist ein Akt der Vernunft, wohl ein Grund dafür, daß Stifter, der dichtend immer wieder der Kunst abschwor, diese Entscheidung nie realisierte.

Schon in den ›Zeitschriften‹-Fassungen hatten Stifters erste Erzählungen großen Erfolg bei Kritik und Publikum. Wie Enzinger bemerkt, brachte »Abdias« den Durchbruch: »Abdias [...] ist eine Löwenklaue«, heißt es 1843 in der ›Allgemeinen Zeitung‹ (Enzinger 1968, Nr. 14, 30). Die in der zweiten Hälfte der vierziger Jahre erscheinenden späteren Erzählungen, in denen sich Beschreibung immer mehr ausbreitet und der Ausdruck von Gefühlen in die Objektivität der Erscheinungswelt zurückgenommen wird, sahen sich zunehmender Kritik ausgesetzt. Man las in ihnen nur die sprödere, monotonere Wiederholung alter Geschichten, deutete als Stillstand, ja Rückschritt gerade das, was nach dem Selbstverständnis des Autors Entwicklung war. Doch hat keines der späteren Werke Stifters die Beliebtheit der »Studien« erreichen können, von denen noch zu seinen Lebzeiten vier Auflagen erschienen. Den finanziellen Vorteil davon hatte allerdings nicht er, sondern sein Verleger, dem er 1850 die Rechte an dem Werk für 6000 Gulden, dem Honorar für zwei Auflagen, abgetreten hatte.

Für den heutigen Leser wohl etwas überraschend ist die insgesamt überwiegend unproblematische zeitgenössische Rezeption der Erzählungen. Als »fromm, heiter, einfach« charakterisiert sie *Eichendorff* in seiner Rezension aus dem Jahre 1846: »Nicht eine Spur von moderner Zerrissenheit, von selbstgefälliger Frivolität oder moralisch experimentierender Selbstquälerei ist in dieser gesunden Poesie«, die einen »will's Gott, siegreichen Feldzug gegen die gegenwärtige Modeliteratur« eröffnen möge (Enzinger 1968, Nr. 70, 84, 86). Die von *Thomas Mann* bemerkte »Neigung zum Excessiven, Elementar-Katastrophalen, Pathologischen« blieb unentdeckt, ebenso wie die Einsamkeit der Figuren, die Gestörtheit ihrer Kommunikation.

Ein Schwerpunkt der literaturwissenschaftlichen Beschäftigung mit den »Studien« war das Thema »Entwicklung« an Hand von Fassungsvergleichen. Einzelne Versuche, den zyklischen Charakter des Werkes nachzuweisen, konnten nicht überzeugen. Zum Gegenstand von Einzelinterpretationen hat man vor allem die Erzählungen »Abdias«, »Brigitta«, »Die Mappe meines Urgroßvaters«, »Der Hagestolz« gewählt, zum einen auf Grund ihrer Qualität, zum andern, weil sie besonders viel an weltanschaulicher Problematik und an ablösbaren moralischen Botschaften bieten. Die, wie mir scheint, bisher interessanteste Deutung zweier Erzählungen – »Haidedorf« und

»Abdias« –, die sich ausweitet zu einer Gesamtdeutung der Stifterschen Poetik, stammt von *G. Kaiser* (1970).

Literatur:

Erstausgabe: Studien. 6 Bde. Pest, Leipzig 1844–1850
SW I–IV
W Erzählungen in der Urfassung Bd. 1–3
Studien Bd. 6/7

Kohlschmidt, Werner: Leben und Tod in Stifters »Studien«. In: Euph. (Dichtung und Volkstum) 36 (1935), S. 210–230; wiederabgedruckt in *W. K.*, Form und Innerlichkeit. Beiträge zur Geschichte und Wirkung der deutschen Klassik und Romantik. München 1955, S. 210–232
Bohn, Ursula: Bild und Gebärde in Stifters »Studien« mit besonderer Berücksichtigung der Lesarten. Berlin 1938
Wodtke, Friedrich Wilhelm: Mensch und Schicksal in Adalbert Stifters frühen »Studien«. In: WW 12 (1962), S. 12–28
Mettler, Heinrich: Natur in Stifters frühen Studien. Zu Stifters gegenständlichem Stil. Zürich 1968 (Zürcher Beiträge zur deutschen Literatur- und Geistesgeschichte 31)
Hertling, Gunter H.: Grenzübergang und Raumverletzung. Zur Zentralthematik in A. Stifters »Studien«. In: Vj. 16 (1967), S. 61–77
Stillmark, A.: Stifter's early portraits of the artist. Stages in the growth of an aesthetic. In: FMLSt 11 (1975), S. 142–164
Kuhle, Matthias: Formen ästhetischer Idealität in Stifters »Studien I«. Göttingen 1974

Einzelne Erzählungen

»Der Condor«. In: Wiener Zeitschrift für Kunst, Literatur, Theater und Mode. Hrsg. von Friedrich Witthauer. Wien 1840, Nr. 53–57
Zweite Fassung in: Studien Bd. 1, 1844

Petrikovits, Gerda von: Zu Stifters »Condor«. In: Vj. 15 (1966), F. 1/2, S. 45–51
Kienesberger, Konrad: Zur Übersetzung von Stifters »Kondor« ins Französische. In: Vj. 19 (1970), S. 163–172
Unterreitmeier, Hans: Der Riß durch die Wirklichkeit. Versuch einer philosophischen Deutung von Adalbert Stifters Erzählung »Der Kondor«. In: Literaturwiss. Jahrbuch. N. F. 15 (1974), S. 145–156
Mautz, Kurt: Natur und Gesellschaft in Stifters »Condor«. In: Literaturwissenschaft und Geschichtsphilosophie. Festschrift für Wilhelm Emrich. Berlin 1975, S. 406–435

»*Das Haidedorf*«. In: Wiener Zeitschrift für Kunst, Literatur, Theater und Mode. Wien 1840, Nr. 105–110
In: Studien Bd. 1, 1844
Kaiser, Gerhard: Stifter – dechiffriert? Die Vorstellung vom Dichter in »Das Haidedorf« und »Abdias«. In: Sprachkunst 1/4 (1970), S. 273–317; leicht veränderte Fassung: Der Dichter als Prophet in Stifters »Haidedorf«. In: G. K., Wanderer und Idylle. Goethe und die Phänomenologie der Natur in der deutschen Dichtung von Geßner bis Gottfried Keller. Göttingen 1977, S. 240–257

»*Feldblumen*«. In: Iris. Taschenbuch für das Jahr 1841. Hrsg. von Johann Grafen Mailáth und M. G. Saphir. Jg. 2. Pest (Heckenast) 1841
In: Studien Bd. 1, 1844
Enzinger, Moriz: Die Überschriften in Stifters »Feldblumen«. In: Adalbert Stifter-Almanach (1947), S. 59–81; wiederabgedruckt in: M. E., Gesammelte Aufsätze zu Adalbert Stifter. Wien 1967, S. 110–133

»*Die Mappe meines Urgroßvaters*«. In: Wiener Zeitschrift für Kunst, Literatur, Theater und Mode. Wien 1841, Nr. 88–93; 1842, Nr. 43–50 (1841 = I Die Antiken, II Der sanftmüthige Obrist, III Die Geschichte der zween Bettler; 1842 = IV Das Scheibenschießen in Pirling)
In: Studien Bd. 3, 1847
Literatur zur »Mappe« siehe 3.5.

»*Der Hochwald*«. In: Iris. Taschenbuch für das Jahr 1842. Jg. 4, Pest 1842
In: Studien Bd. 2, 1844
Pascal, Roy: Die Landschaftsschilderung im »Hochwald«. In: Adalbert Stifter. Studien und Interpretationen. Gedenkschrift zum 100. Todestage. Hrsg. von Lothar Stiehm. Heidelberg 1968, S. 57–68
Oertel-Sjögren, Christine: Tuch as a symbol for art in Stifter's »Der Hochwald«. In: JEGP 73 (1974), S. 375–388

»*Die Narrenburg*«. In: Iris. Taschenbuch für das Jahr 1843. Jg. 4, Pest 1843
In: Studien Bd. 2, 1844
Tanner, Erika: Farb-, Klang- und Raumsymbolik in Stifters »Narrenburg«. In: Recherches Germaniques 7 (1977), S. 113–127

»*Abdias*«. In: Österreichischer Novellenalmanach. Hrsg. von Andreas Schumacher. Wien 1843
In: Studien Bd. 4, 1847
Wiese, Benno von: Adalbert Stifter. Abdias. In: B. v. W., Die deutsche Novelle von Goethe bis Kafka. Interpretationen. Bd. 2, Düsseldorf 1962, S. 127–148

Jansen, Rudolf: Die Quelle des »Abdias« in den Entwürfen zur »Scientia Generalis« von G. W. Leibniz? In: Vj. 13 (1964), S. 57–69
Fischer, K. G.: Der jüdische Mensch in Stifters Dichtungs-Denken. In: Vj. 14 (1965), S. 109–118
Heim, Harro: Campes Fabel »Der treue Hund« und Stifters »Abdias«. In: Vj. 14 (1965), S. 105–108
Mautz, Kurt: Das antagonistische Naturbild in Stifters »Studien«. In: Adalbert Stifter. Studien und Interpretationen. Hrsg. von Lothar Stiehm. Heidelberg 1968, S. 23–56 (Ausgangspunkt für Kaisers Interpretation)
Lachinger, Johann: Adalbert Stifters »Abdias«. Eine Interpretation. In: Vj. 18 (1969), S. 97–114
Nef, Ernst: Des Menschen Kunst und der Zufall in Stifters »Abdias« und »Der Nachsommer«. In: *E. N.,* Der Zufall in der Erzählkunst. Bern, München 1970, S. 41–58
Abdias. Erläuterungen und Dokumente. Hrsg. von *Ulrich Dittmann.* Stuttgart 1971 (Reclams Universalbibliothek 8112)
Kaiser, Gerhard: Siehe Literatur zu »Das Haidedorf«
Kienesberger, Konrad: „Abdias" in französischer Übersetzung. In: Vj. 22 (1973), S. 25–45
Schäublin, Peter: Stifters Abdias von Herder aus gelesen. In: Vj. 23 (1974), F. 3/4, S. 101–113; Vj. 24 (1975), F. 3/4, S. 87–106
Godden, Christian: Two quests for surety. A comparative interpretation of Stifters »Abdias« and Kafka's »Der Bau«. In: Journal of European Studies 5 (1975), S. 341–361

»Brigitta«. In: Gedenke mein! Taschenbuch für das Jahr 1844. Jg. 13, Wien 1844
In: Studien Bd. 4, 1847
Haußmann, Walter: Adalbert Stifter, Brigitta. In: Der Deutschunterricht H. 2 (1951), S. 30–48
Thomas, Werner: Stifters Landschaftskunst in Sprache und Malerei. Versuch einer wechselseitigen Interpretation in der Novelle »Brigitta«. In: Der Deutschunterricht 8 (1956), S. 12–28
Wiese, Benno von: Adalbert Stifter. Brigitta. In: *B. v. W.,* Die deutsche Novelle von Goethe bis Kafka. Interpretationen. Bd. 1, Düsseldorf 1956, S. 196–212
Enzinger, Moriz: Adalbert Stifters Erzählung »Brigitta« und Ungarn. In: Südostdeutsches Archiv 1958, 1, S. 122–132; Wiederabgedruckt in: *M. E.,* Gesammelte Aufsätze zu Adalbert Stifter. Wien 1967, S. 134–153
Petrikovits, Gerda von: Zur Entstehung der Novelle »Brigitta«. In: Vj. 14 (1965), F. 3/4, S. 93–104
Kaschnitz, Marie-Luise: Brigitta. In: Freundesgabe für Max Tau. Gratulationen zu seinem 70. Geburtstag. Zusammengestellt und

herausgegeben von Bernhard Doerdelmann. Rothenburg ob der Tauber, Hamburg 1967, S. 160–165
Brigitta. Erläuterungen und Dokumente. Hrsg. von *Ulrich Dittmann.* Stuttgart 1970 (Reclam 8109)
Frey, Eleonore: Dinge und Beziehungen. Zu Stifters Brigitta. In: Orbis litterarum 24, 1 (1969), S. 52–71
Branscombe, Peter: The use of Leitmotifs in Stifter's »Brigitta«. In: FMLSt 13 (1977), 2, S. 145–154

»*Das alte Siegel*«. In: Österreichischer Novellen Almanach. Wien 1844
In: Studien Bd. 4, 1847

Hoffmann, Werner: Zur Interpretation und Wertung der ersten Fassung von Stifters Novelle »Das alte Siegel«. In: Vj. 15 (1966), S. 80–96
Enzinger, Moriz: Zum »Alten Siegel«. In: *M. E.*, Gesammelte Aufsätze zu Stifter. Wien 1967, S. 54–62
Blackall, Eric: Das alte Siegel. In: Adalbert Stifter. Studien und Interpretationen. Hrsg. von Lothar Stiehm. Heidelberg 1968, S. 69–88

»*Der Hagestolz*«. In: Iris. Taschenbuch für das Jahr 1845, Jg. 6, Pest 1845
In: Studien Bd. 5, 1850

Enzinger, Moriz: Der Schauplatz von A. Stifters »Hagestolz«. In: ZfdPh 65 (1940), S. 68–76; Wiederabgedruckt in: *M. E.*, Gesammelte Aufsätze zu Stifter. Wien 1967, S. 54–66
Seidler, Herbert: Adalbert Stifters Novelle »Der Hagestolz«. In: *H. S.*, Studien zu Grillparzer und Stifter. Wien, Köln, Graz 1970, S. 257–281; auch in: Interpretationen zur österreichischen Literatur. Wien 1971, S. 5–30

»*Der Waldsteig*«. In: Obderennsisches Jahrbuch für Literatur und Landeskunde. Hrsg. von C. A. Kaltenbrunner. Jg. 2, Linz 1845
In: Studien Bd. 5, 1850

Müller, Joachim: Stifters Humor. Zur Struktur der Erzählungen »Der Waldsteig« und »Nachkommenschaften«. In: Vj. 11 (1962), S. 1–20
Hein, Jürgen: Die Heilung des Narren. Zum lustspielhaften Aufbau von Stifters »Waldsteig«. In: Vj. 16 (1967), F. 3/4, S. 90–99
Norst, Marlene J.: Sinn und Bedeutung der Namengebung bei Adalbert Stifter, dargestellt an Hand einer Untersuchung der Novelle »Der Waldsteig«. In: Vj. 16 (1967), F. 3/4, S. 90–99

»Die Schwestern«. In: Iris. Taschenbuch für das Jahr 1846. Jg. 7, Pest 1846
Als »Zwei Schwestern«. In: Studien Bd. 6, 1850
Hoffmann, Werner: Adalbert Stifters Erzählung »Zwei Schwestern«. Ein Vergleich der beiden Fassungen. Diss. Frankfurt 1959; Marburg 1966 (Marburger Beiträge zur Germanistik 17)
Enzinger, Moriz: Tirol und Italien in den »Zwei Schwestern«. In: M. E., Gesammelte Aufsätze zu Adalbert Stifter. Wien 1967, S. 67-76
Kienesberger, Konrad: Cosima von Bülow und die »Zwei Schwestern«. Eine anonyme Stifter-Übertragung ins Französische. In: Vj. 23 (1974), F. 1/2, S. 37-52

»Der beschriebene Tännling«. In: Rheinisches Taschenbuch auf das Jahr 1846. Hrsg. von C. Dräxler-Manfred. Frankfurt 1846
In: Studien Bd. 6, 1850
Ludwig, Marianne: Stifter als Realist. Untersuchung über die Gegenständlichkeit im »Beschriebenen Tännling«. Basel 1948 (Basler Studien zur deutschen Sprache und Literatur 7)
Stern, J. P.: Adalbert Stifters ontologischer Stil. In: A. S. Studien und Interpretationen. Hrsg. von Lothar Stiehm, Heidelberg 1968, S. 103-120 (geht von der Novelle »Der beschriebene Tännling« aus)

3.2. »Bunte Steine«

Schon bald nach der Revolution kündigte Stifter seinem Verleger an: »Nach VI [dem 6. Bändchen der »Studien«] erhalten Sie 2 oder 3 Bändchen für Kinder, die [Sie] bandweise herausgeben können. Kinder revolutionieren nicht und Mütter auch nicht, also schauen Sie auf das Werk« (6. 3. 1849; SW XVII, 324). Diese »Kindergeschichten« – insgesamt sechs – erschienen 1853 unter dem Titel *Bunte Steine* in zwei Bänden. Weil ihre Herausgabe wegen des Weihnachtsgeschäftes eigentlich für Ende 1852 geplant gewesen war, trägt die Sammlung den Zusatz »Ein Festgeschenk für die Jugend«, aber wie gewöhnlich war Stifter nicht rechtzeitig fertig geworden.

Fünf der sechs Stücke sind wie bei den »Studien« Bearbeitungen von Erzählungen, die schon in Almanachen und Zeitschriften veröffentlicht worden waren. Sie liegen also in einer Urfassung und in einer Buchfassung vor. Ihre Entstehungsgeschichte umfaßt einen Zeitraum von rund zehn Jahren, drei der Erzählungen sind vor der Revolution 1848 entstanden (die Jahreszahlen meinen jeweils das Erscheinungsdatum der Zeitschriftenfassung), »Bergmilch« = »Wirkungen eines weißen Mantels« (1843), »Bergkrystall« = »Der heilige Abend« (1845), »Kalkstein« = »Der arme Wohltäter« (1848), »Granit« = »Die

Pechbrenner« (1849), »Turmalin« = »Der Pförtner im Herrenhause« (1852). Extra für die Buchausgabe schrieb Stifter nur »Katzensilber« – das er selbst neben »Bergkrystall« für das beste und für das zarteste Stück der »Bunten Steine« hielt –, außerdem eine Einleitung und die berühmte Vorrede.

Mit der künstlerischen Ausstattung des Bandes hatte Heckenast *Ludwig Richter* beauftragt, aber seine Illustrationen stießen bei Stifter auf heftigen Protest: »Welcher Schrek! Da ist alles verfehlt [...] Wäre ich Verleger, ich würfe die Vignetten weg« (30. 11. 1852; SW XVIII, 137, 140). Er fürchtete, daß das Publikum aus den Bildern auf den Inhalt schließen und »ordinäre« Kindergeschichten erwarten würde. Das waren sie nun wirklich nicht. Eigentlich waren sie überhaupt keine Geschichten für Kinder, auch wenn sie von Kindern handeln, und zunächst für ein Erwachsenenpublikum (in den Journalfassungen) bestimmt gewesen, mit Ausnahme von »Katzensilber«. Der aktuelle Anlaß dafür, daß Stifter Geschichten ausdrücklich für Kinder bestimmte, war die Revolution (»Kinder revolutionieren nicht und Mütter auch nicht«). Die Bildung der neuen Menschheit, an der zu arbeiten er sich vorgenommen hatte, sollte beim Kind beginnen. Ganz neu war der Plan, für Kinder zu schreiben, freilich nicht. Schon 1842 erwähnt er in einem Brief an Heckenast eine Kindergeschichte, an der er gerade arbeite. Allerdings hatte die Zueignung auch taktische Gründe, ebenso wie die übergroße Bescheidenheit, mit der er in der Einleitung seine Erzählungen »allerlei Spielereien für junge Herzen« nannte. Er wollte dem kritischen Vorwurf idyllischer Harmlosigkeit, Einseitigkeit, Entwicklungslosigkeit vorbeugen, erreichte aber nur, daß er sich bei der Kritik gleichsam zwischen zwei Stühle setzte. Julian Schmidt im ›Grenzboten‹: »Herr Stifter hat der Angabe nach seine Erzählungen [...] vorzugsweise für reifere Kinder eingerichtet; aber wir sind überzeugt, daß ein tüchtiger Junge auch nicht eine halbe Seite in diesen Geschichten lesen wird, ohne darüber einzuschlafen, für Erwachsene aber paßt wieder der kindliche Ton nicht« (Enzinger 1968, Nr. 134; 174).

Anders als bei den »Studien« hat Stifter versucht, die Sammlung der »Bunten Steine« als in sich geschlossenes Ganzes zu komponieren und zwischen den einzelnen Erzählungen Verbindungen zu schaffen oder stärker herauszuarbeiten. Die Vereinheitlichung fängt bei den Überschriften an. Die ursprünglich inhaltsbezogenen und viel »passenderen« Titel wurden durch Gesteinsnamen ersetzt, die auf landschaftliche Motive (»Granit«, »Kalkstein«, »Katzensilber«, »Bergkrystall«) oder/und inhaltliche Motive anspielen (»Turmalin«, »Bergmilch«), vor allem aber formale Funktion besitzen. Selge, den diese oberflächliche Titel-Deutung nicht befriedigt, hat vorgeschlagen, in den Gesteinen Metaphern für das jeweils vom Dichter gewählte poetologische Verfahren zu sehen, das ihrer geologischen Eigenschaft entspreche: »Im ›Kalkstein‹ korrespondiert der schichtenweise Entdeckungsprozeß mit der ›sedimentären‹ Bildungs- und Opfergeschichte des Pfarrers« (1975, 57). Mir scheint allerdings, daß bei dieser Deutung der Interpret klüger ist als sein Autor. Die Erzählungen sind nach inhaltlichen Gesichtspunkten, also nicht chronologisch angeordnet. Allerdings spielten auch äußere Gründe, nämlich der Zeitpunkt ihrer Fertigstellung, eine Rolle, *Bergkrystall,* die vierte Erzählung (und erste des 2. Bandes) war ursprünglich für den 1. Band bestimmt gewesen.

Die erste Erzählung *Granit* erzählt von zwei Kindern, die auf wunderbare Weise in der Wildnis eine Pest-Epidemie überleben. Um die Rettung von Kindern geht es auch in der berühmten Weihnachtsgeschichte *Bergkrystall* und ihrem sommerlichen Gegenstück *Katzensilber* (an vierter und fünfter Stelle). Eingerahmt von diesen drei thematisch verwandten Stücken sind die Sonderlings-Geschichten *Kalkstein* und *Turmalin,* für die sich Stifter Züge von Grillparzers Novelle »Der arme Spielmann« lieh. Das Motiv der Rettung von Kindern begegnet auch in *Kalkstein,* doch steht im Mittelpunkt der Erzählung der Charakter des »armen Wohltäters« (Titel der Urfassung). Am Schluß steht mit *Bergmilch* die früheste und wohl schwächste Geschichte, die auch durch ihren ausgesprochenen Novellenstoff – erzählt wird eine Episode aus den napoleonischen Kriegen – etwas aus der Sammlung herausfällt. Stifter nahm sie wohl vor allem auf, »um die gewünschte Anzahl von Druckbogen zu erhalten« (Egerer, SW V, VIII). Die thematischen und motivischen Parallelen wie »Rettung von Kindern« (Requadt) oder »tödliche Gefährdung und Wiederherstellung des Lebens« (Martini) oder »Isolation und Integration« (Bleckwenn) reichen freilich wohl nicht aus, um eine strenge zyklische Einheit der »Bunten Steine« zu konstituieren. Schon die Entstehungsgeschichte spricht dagegen. Selge hat mit Recht gegen solche Konstruktionen polemisiert, aber sein eigener Vorschlag, »die implizite Pädagogik als das von der revolutionären Erschütterung inspirierte Grund- und Bundthema« (1976, 53) zu verstehen, ist noch ungenauer und läßt sich viel zu bereitwillig auf die erklärten didaktischen Absichten Stifters ein. Jede einzelne der »Bunten Steine«-Erzählungen widerlegt seine Behauptung, die Leistung der Stifterschen Phantasie bestünde in der Erfindung »beispielhafter, in Geschichten ›verpackter‹ Erkenntnis- und Lernprozesse, die sich auf der Basis vernünftiger (Rede-) Handlungen vollziehen« (1976, 53). Im Wunderbaren, nicht im Vernünftigen liegt ihr poetischer Gehalt: in der Heiligenfigur des »armen Wohltäters«, im Rätsel einer verstörten menschlichen Seele (»Turmalin«), in der Mignongestalt eines braunen Mädchens (»Katzensilber«), in der Weihnachtsrettung zweier Kinder (»Bergkrystall«). Die Frage nach dem Einfluß der Revolution auf das Stiftersche Werk wird dagegen durch den Hinweis auf den pädagogischen Wirkungswillen nach 1848 schon weitgehend beantwortet. Bei der Umarbeitung der ›Zeitschriften‹-Fassungen hat sich Stifter deutlich um eine Verstärkung der lehrhaften Elemente bemüht.

Seinen objektiven Erzählstil hat Stifter in den »Bunten Steinen« konsequent fortentwickelt. Der Rückzug aus Geschichte und Gesellschaft hat sich, gemessen an den »Studien«, radikalisiert: »Es bleibt in dem eben erschienenen Werk ›Bunte Steine‹ vom Menschen fast nichts übrig als das erste Stadium seiner Entwicklung, das *Kind*« (Enzinger 1968, Nr. 138, 179), heißt es in einer zeitgenössischen Kritik. Kinder sind die Helden der drei Rettungsgeschichten »Granit«, »Bergkrystall«, »Katzensilber«, die erwachsenen Helden der übrigen Erzählungen haben regressive Züge. Sie sind reinen Herzens, weltfremd, lebensuntüchtig, vereinsamt, sind Sonderlinge, Verrückte, Heilige. Großstadt kommt nur einmal als schattenhaft bleibender Hintergrund trauriger dunkler Ereignisse vor (»Turmalin«). Der etwas starr wirkende Dualismus der meisten »Studien«-Erzählungen ist überwunden. Die räumlich-statischen, handlungsarmen Geschichten erscheinen zum Teil wie die poetische Entfaltung von Bildideen. Für die Erzählung »Bergkrystall« ist eine solche Bild-Inspiration durch den mit Stifter bekannten Naturforscher *Friedrich Simony* bezeugt. Auf einem gemeinsamen Spaziergang war ihnen ein Kinderpärchen begegnet. Als Stifter am darauf folgenden Tag Simonys Zeichnung einer Gletscherhöhle betrachtete, meinte er plötzlich: »Ich habe mir jetzt das Kinderpaar von gestern in diesen blauen Eisdom versetzt gedacht; welch ein Gegensatz wäre dies liebliche, aufknospende, frisch pulsierende Menschenleben zu der grauenhaft prächtigen, starren todeskalten Umrahmung!« (zit. Fischer Dokumente, 1962, 152).

Der kleine, vergängliche Mensch und die große, ewige Natur: die Proportionen des traditionellen Landschaftsbildes mit Staffage bleiben in der poetischen Landschaftskunst Stifters erhalten. Nach der idealistischen Ästhetik wird in diesem Verhältnis von Natur und Mensch die Idee des Erhabenen sinnlich anschaulich. Wie sehr Stifter gerade zur Zeit seiner Arbeit an Erzählungen für die »Bunten Steine« seine Kunstanschauung als Ästhetik des Erhabenen formulierte, zeigt sein ästhetischer Brief an Aurelius Buddeus (21. 8. 1847; SW XVII, S. 247–254) ebenso wie die Vorrede zu den »Bunten Steinen« selbst. In beiden Texten spielt das für das Erhabene konstitutive Verhältnis von Groß und Klein eine zentrale Rolle.

Wohl kein Text von Stifter ist so bekannt und viel zitiert worden wie die *Vorrede* zu den »Bunten Steinen«, in der Stifter so etwas wie ein ethisch-ästhetisches Glaubensbekenntnis ablegt. Nach einer Bemerkung Mühlhers stellte sie für »den Freund der Dichtung Stifters ein ähnliches Dokument dar wie für Beethovenfreunde das Heiligenstädter Testament« (Mühlher 1939, 295). Provoziert wurde dieses Bekenntnis wohl vor allem durch *Hebbels* Angriff auf »Die alten Naturdichter und die neuen (Brockes und Geßner, Stifter, Kompert und so weiter)« (1849), der den auch in Rezensionen immer wiederkehrenden Vorwurf poetischer Kleinmalerei epigrammatisch verschärft:

»Wißt ihr, warum euch die Käfer, die Butterblumen so glücken?
Weil ihr die Menschen nicht kennt, weil ihr die Sterne nicht seht!
Schautet ihr tief in die Herzen, wie könntet ihr schwärmen für Käfer?
Säht ihr das Sonnensystem, sagt doch, was wär' euch ein Strauß?
Aber das mußte so sein; damit ihr das Kleine vortrefflich
Liefertet, hat die Natur klug euch das Große entrückt.«

(zit. Fischer, Dokumente 1962, 234 f.)

Stifter verteidigt sich, indem er die von Hebbel als natürlich behauptete Rangordnung der Dinge polemisch umkehrt, ihr eine eigene Hierarchie entgegenstellt. In Wahrheit habe gerade das Kleine, Unscheinbare, Alltägliche im natürlichen wie im sittlichen Bereich mehr Größe, und deshalb mehr poetische Dignität, weil darin mit dem »Ganzen und Allgemeinen« eine höhere Gesetzlichkeit zur Anschauung komme, als in spektakulären Erscheinungen, denen nur einseitige Ursachen zu Grunde lägen. Mehr noch, in Katastrophen und Leidenschaften – den Katastrophen im menschlichen Gemütsleben – sieht er gleichsam Pathologien von Natur und Mensch, die für den Fortgang der Entwicklung ohne Bedeutung seien. Dagegen stellt er die

Forderung: »Wir wollen das sanfte Gesetz zu erblicken suchen, wodurch das menschliche Geschlecht geleitet wird« (SW, V, 6). Schon Emil Kuh hat Stifter die logischen Fehler in seiner Argumentation nachgewiesen, ihre Wirkung hat das nicht beeinträchtigt.

Die wesentlichen Gedanken der Vorrede finden sich bei Stifter auch schon vor 1848, erst die Revolution aber gab ihnen politische Dimension und das Pathos eines Programms. Die Ablehnung der »natürlichen« Katastrophe meinte zugleich die Ablehnung der Geschichtskatastrophe Revolution, das »sanfte Gesetz« war ein Bekenntnis zur organischen Evolution. An dieser Geschichtsdeutung bzw. ihren Implikationen hat natürlich die Kritik einer linken oder marxistisch ausgerichteten Literaturwissenschaft angesetzt: »Sein ›sanftes Gesetz‹ – und darin liegt der apologetische Zug in Stifters Denken – betrachtete er nicht so sehr als eine notwendige, menschenwürdige Norm sozialen Verhaltens, die es im Prozeß der Entwicklung erst durchzusetzen gelte, sondern als bereits prinzipiell wirksam, durch keine grundsätzlichen Probleme der realen gesellschaftlichen Wirklichkeit in seiner Entfaltung gehindert, höchstens durch die verderbliche Einseitigkeit einzelner Charaktere gehemmt« (Geschichte der deutschen Literatur 1975, 1. Hbb., 594 f.). Die Botschaft vom »sanften Gesetz«, die hier angewandt auf die gesellschaftlichen Verhältnisse als »Apologie des Bestehenden« erscheint, wurde und wird von Stifter-Verehrern als Seinsfrömmigkeit gefeiert, an sich eine ganz treffende Charakteristik. Mit der Behauptung, daß sich gerade im Kleinen, Unscheinbaren, Alltäglichen ein höherer Sinn, die Größe der Schöpfung besonders deutlich offenbare, steht die Vorrede unverkennbar in der Tradition von Physikotheologie und natürlicher Theologie. (»Ach, Gott steckt oft das Allergrößte ins Allerkleinste!«, heißt es in Jean Pauls Idylle vom »Leben Fibels«, in der dieser Topos parodiert wird.) Insofern hatte Hebbel in seiner Polemik die Verwandtschaft zwischen Stifter und einem »alten Naturdichter« wie Brockes schon richtig gesehen, konnte allerdings nur polemisieren, indem er die höheren Ziele dieser Naturdichtung ignorierte.

Eine der interessantesten Auseinandersetzungen mit der Vorrede stammt von *Walter Benjamin,* der ihre Ansichten in einem Brief vom 28. 12. 1917 einen »ungeheuren Irrtum« nennt. Seine Kritik richtet sich vor allem gegen Stifters Grenzverwischung zwischen sittlicher und natürlicher Welt. Diese »heimliche Bastardisierung« sei für »dämonische, untermenschliche«

Züge des Werks verantwortlich. Ausdrücklich gegen Benjamins philosophisch begründete Kritik hat *Selge* seine poetologische Interpretation der Vorrede entwickelt: er deutet sie als den Versuch Stifters, seine Poetik in Analogie zu naturwissenschaftlichen Verfahrensweisen zu entwickeln, denen es eigentümlich sei, »Besonderes nur als Merkmal einer allgemeinen Gesetzlichkeit zu betrachten« (1976, 59 f.). Das ethische Programm der Vorrede wird dabei allerdings als »quantité négligeable« einfach ignoriert.

Die »Bunten Steine« enthalten mit »Kalkstein«, »Granit«, »Bergkrystall« drei der vollkommensten Erzählungen, die Stifter überhaupt geschrieben hat. Als Sammlung standen sie stets im Schatten der stofflich interessanteren und subjektiveren »Studien«, was sich auch in der Zahl der ihnen gewidmeten literaturwissenschaftlichen Arbeiten niederschlägt. Eine Ausnahme ist »Bergkrystall«, die am häufigsten von allen Stifterschen Erzählungen nachgedruckt worden ist.

Literatur:

Erstausgabe: Bunte Steine. 2 Bde. Pest, Leipzig 1853 (Granit/Kalkstein/Turmalin/Bergkrystall/Katzensilber/Bergmilch)
SW V
W Erzählungen in der Urfassung Bd. 2, 3
Bunte Steine Bd. 9

Mühlher, Robert: Natur und Mensch in Stifters »Bunten Steinen«. In: Dichtung und Volkstum 40 (1939), S. 295–304
Stopp, Frederick: Die Symbolik in Stifters »Bunten Steinen«. In: DVjs. 28 (1954), S. 165–193
Bachem, Rolf: Dichtung als verborgene Theologie. Ein dichtungstheoretischer Topos vom Barock bis zur Goethezeit und seine Vorbilder. Diss. Bonn 1955; darin: Exkurs: Adalbert Stifter, S. 75–80
Müller, Joachim: Die Polemik zwischen Hebbel und Stifter und Stifters Ethos vom »Sanften Gesetz«. In: Gedenkschrift für F. J. Schneider (1879–1954). Hrsg. von Karl Bischof. Weimar 1956
Smeed, J. W.: The first Versions of the Stories later appearing in Stifter's »Bunte Steine«. In: GLL 13 (1958/9), S. 259–263
Thurnher, Eugen: Stifters »Sanftes Gesetz«. In: Unterscheidung und Bewahrung. Festschrift für Hermann Kunisch zum 60. Geburtstag. Berlin 1961, S. 381–397
Lange, Herbert: »Ich mußte mein Herz erleichtern.« Adalbert Stifter über Ludwig Richter und dessen Titelzeichnungen zu den »Bunten Steinen«. In: Vj. 17 (1968), S. 93–107
Requadt, Paul: Stifters »Bunte Steine« als Zeugnis der Revolution

und als zyklisches Kunstwerk. In: *A. S.*, Studien und Interpretationen. Hrsg. von Lothar Stiehm. Heidelberg 1968, S. 139–168; wiederabgedruckt in: *P. R.*, Bildlichkeit der Dichtung. Aufsätze zur deutschen Literatur vom 18.–20. Jhd. München 1974, S. 147–173

Bleckwenn, Helga: Adalbert Stifters »Bunte Steine«. Versuche zur Bestimmung der Stellung im Gesamtwerk. In: Vj. 21 (1972), F. 3/4, S. 105–118

»*Wirkungen eines weißen Mantels*«. In: Wiener Zeitschrift für Kunst, Literatur, Theater und Mode. Wien 1843, Nr. 74–76
Buchfassung: »*Bergmilch*« (1853)

Irmscher, Hans Dietrich: Adalbert Stifters Erzählung »Bergmilch«. In: ZfdPh 88 (1969), S. 161–189
Himmel, Hellmuth: Adalbert Stifters Novelle »Bergmilch«. Eine Analyse. Köln, Wien, Böhlau 1973

»*Der heilige Abend*«. In: Die Gegenwart. Red. von A. Schumacher. Wien 1845, Nr. 67–69; Nr. 71
Buchfassung: »*Bergkrystall*« (1853)

Hankamer, Paul: Adalbert Stifter: »Bergkristall«. In: Aus Theologie und Philosophie. Festschrift für Fritz Tillmann zu seinem 75. Geburtstag. Hrsg. von Th. Steinbüchel und Th. Müncker, Düsseldorf 1950, S. 84–99
Schwarz, Egon: Zur Stilistik von Stifters »Bergkristall«. In: Neophilologus 38 (1954), S. 260–268
Struc, Roman: The Threat of Chaos. Stifters »Bergkristall« and Thomas Mann's »Schnee«. In: MLQ 24 (1963), S. 323–332
Schmidt, Hugo: Eishöhle und Steinhäuschen. Zur Weihnachtssymbolik in Stifters »Bergkristall«. In: Monatshefte (Wisconsin) 56 (1964), S. 321–335
Küpper, Peter: Literatur und Langeweile. Zur Lektüre Stifters. In: *A. S.*, Studien und Interpretationen. Hrsg. von L. Stiehm. Heidelberg 1968, S. 171–188
Whiton, John: Symbols of Social Renewal in Stifter's Bergkristall. In: GR 47 (1972), S. 259–280

»*Der arme Wohltäter*«. In: Austria. Österreichischer Universal-Kalender für das Schaltjahr 1848. Jg. 9, Wien 1848
Buchfassung: »*Kalkstein*« (1853)

Stopp, Frederick J.: The symbolism of Stifter's »Kalkstein«. In: GLL 7 (1953/54), S. 116–125
Rath, Rainer: Zufall und Notwendigkeit. Bemerkungen zu den beiden Fassungen in Stifters Erzählung »Der arme Wohltäter« (I) »Kalkstein« (II). In: Vj. 13 (1964), S. 70–80

Enzinger, Moriz: Der Pfarrer im Kar. In: *M. E.,* Gesammelte Aufsätze zu Adalbert Stifter. Wien 1967, S. 163–179
Geulen, Hans: Stiftersche Sonderlinge. »Kalkstein« und »Turmalin«. In: Schiller Jb. 17 (1973), S. 415–431
Reddick, John: Tiger und Tugend in Stifters »Kalkstein«. Eine Polemik. In: ZfdPh 95 (1976), S. 235–255

»*Die Pechbrenner*«. In: Vergißmeinnicht. Taschenbuch für 1849. Jg. 3, Leipzig 1849
Buchfassung: »*Granit*« (1853)
Müller, Joachim: »Die Pechbrenner« und »Kalkstein«. Strukturanalysen einer Urfassung und einer Endfassung der »Bunten Steine«. In: Vj. 1966, S. 1–22
Ketelsen, Uwe K.: Geschichtliches Bewußtsein als literarische Struktur. Zu Stifters Erzählung aus der Revolutionszeit »Granit« (1848/52). In: Euph. 1970, S. 306–325

»*Der Pförtner im Herrenhause*«. In: Libussa. Jahrbuch für 1852. Hrsg. von Paul Aloys Klar. Jg. 11, Prag, Leipzig 1852
Buchfassung: »*Turmalin*« (1853)
Kristian, Hans: Adalbert Stifters »Turmalin« in seinen Beziehungen zur Selbstbiographie des Burgschauspielers Joseph Lange. In: Vj. 12 (1963), F. 3/4, S. 146–150
Müller, Joachim: Stifters »Turmalin«. Erzählhaltung und Motivstruktur im Vergleich beider Fassungen. In: Vj. 17 (1968), S. 33–44
Mason, Eve: Stifters »Turmalin«: a reconsideration. In: MLR 72 (1977), S. 348–358

»*Katzensilber*« (1853)

3.3. »Der Nachsommer«

Stifters Hauptwerk, der Roman *Der Nachsommer*, ist 1857 in drei Bänden bei Heckenast erschienen. Der Verfasser selbst hat ihn allerdings ausdrücklich »eine Erzählung« genannt, um den Leser auf das Fehlen aller romanüblichen Elemente in seinem Buch vorzubereiten.

Die Entstehungsgeschichte des »Nachsommers« beginnt zehn Jahre vor der Veröffentlichung mit Plänen und Entwürfen zu einer dreiteiligen Erzählung, die »Der alte Hofmeister« heißen sollte. Drei Fragmente davon sind erhalten. 1852 entschloß sich Stifter, aus dem Stoff ein »selbständiges Buch« zu machen und den »alten Vogelfänger« – so der neue Arbeitstitel – nicht, wie zwischendurch geplant, in die »Bunten Steine« aufzunehmen. Ein Jahr später (9. 6. 1853) nannte er sein Buch »welches ich gerne *Nachsommer* heißen möchte«, »fast schon ganz fertig«. Daß bis zum Erscheinen dann doch noch vier

Jahre vergingen, lag vor allem an seiner nebenher laufenden Arbeit an einem Roman aus der böhmischen Geschichte, dem späteren »Witiko«, den er an sich unbedingt vor dem »Nachsommer« herausbringen wollte, dann aber doch zurückstellte. Am 12. September 1857 konnte er seinem Verleger dann endlich mitteilen: »Heute um 12 Uhr habe ich das lezte Wort des Nachsommers nieder geschrieben« (SW XIX, 60).

Als Stifter 1855 Heckenast erstmals Näheres zum Inhalt und zur Idee des »Nachsommer« schrieb, stand noch die Figur des Freiherrn von Risach – der alte Hofmeister der Urfassung – im Mittelpunkt: »Die Gestalt des alten Mannes, in die der Nachsommer gelegt ist, soll Ihnen gefallen. Er war ein bedeutender Staatsmann; aber seine Kräfte waren ursprünglich schaffende, er mußte sie unterdrücken, und erst nach seiner Staatslaufbahn in seiner Muße machen sie sich gelten, und umblühen den Herbst dieses Menschen, und zeigen, welch ein Sommer hätte sein können, wenn einer gewesen wäre« (2. 1. 1855; SW XVIII, 249). In der endgültigen Fassung ist die Lebensgeschichte Risachs in den Hintergrund gerückt. Seine Nachsommerwelt – das Rosenhaus – ist zum Schauplatz eines exemplarischen Bildungswegs geworden. Ein Ich-Erzähler, der Kaufmannssohn Heinrich Drendorf, dessen Namen der Leser übrigens erst auf den letzten Seiten des Buches erfährt, so wenig zählt er als Individuum, berichtet von seiner wissenschaftlichen, geistigen, künstlerischen, sittlichen, seelischen Ausbildung und Erziehung unter der behutsamen Anleitung des Freiherrn von Risach. Das erfolgreiche Absolvieren des umfangreichen Bildungsprogramms wird am Ende durch die Eheschließung mit der geliebten Natalie gekrönt und belohnt. Diesem aufsteigenden Lebenslauf ohne Rückschläge und Konflikte ist als Rückblick die Geschichte der unerfüllt gebliebenen Liebe zwischen Risach und Mathilde, der Mutter Nataliens, kontrastierend eingefügt. Die »unnatürliche«, strenge Objektivität fingierende Erzählperspektive des »Nachsommer« hatte Stifter schon in früheren Erzählungen wie den »Zwei Schwestern« (»Studien«) und »Kalkstein« (»Bunte Steine«) erprobt: obwohl der Erzähler retrospektiv berichtet, wird mit keiner Reflexion, keiner Bemerkung auf den Abstand zwischen erzähltem und erzählendem Ich hingewiesen. Ziel dieses Verfahrens ist die Rekonstruktion eines Bewußtwerdungsprozesses.

Heinrichs Ausbildung ist ein exemplarischer Gegenentwurf zur Spezialisierung des modernen Menschen. Am Ende seines Bildungswegs soll er die Totalität wissenschaftlicher und humaner Möglichkeiten verkörpern, soll er der »Wissenschaftler im Allgemeinen« sein, zu dem ihn sein Vater bestimmt hat. Die Bildungsinhalte werden ihm nach Maßgabe seiner Einsichtsfähigkeit stufenweise vermittelt: vom »Einfachen und Sinnlichen« bis zum »Zusammengesetzten und Geistigen«, von der Naturwissenschaft zur Kunst, von der Kunst zum Reichtum innerer Werte, »so daß, was im System nebeneinandersteht, sich in der menschlichen Seele genetisch oder historisch entwikkelt« (J. Schmidt, zit. Enzinger 1968, Nr. 153, 216). Heinrich ist für die ihm vermittelten Inhalte bloßes Gefäß, jederzeit mit dem Aufgenommenen identisch und schließlich ein wandelndes Kompendium Stifterscher Weltanschauung. Diese Weltanschauung in Form von Vorträgen, Reflexionen, Maximen dem Leser zu vermitteln ist sehr oft im »Nachsommer« die Hauptfunktion der Figuren, vor allem natürlich Risachs. Die umfassende Ausbildung des Individuums ist im Sinne der Humboldtschen Bildungsidee Selbstzweck und nicht auf das Gemeinwesen bezogen. »[...] Wenn jeder seiner selbst willen auf die beste Art da sei, so sei er es auch für die menschliche Gesellschaft« (W 5, 14). Heinrich wird also nicht für ein Amt im öffentlichen Leben, sondern von vornherein für ein Rentnerdasein als Privatgelehrter erzogen, dessen notwendige Voraussetzung das väterliche Vermögen ist.

Die Spannung zwischen Subjekt und Objekt, Individuum und Gesellschaft, Selbstbestimmung und Fremdbestimmung, die konstitutiv ist für den klassischen deutschen Bildungsroman (und, nach Lukács, für den modernen Roman überhaupt) ist im »Nachsommer« aufgehoben. Eine den subjektiven Wünschen des Individuums widerständige Wirklichkeit gibt es im »Nachsommer« nicht, oder genauer: es gibt kein Subjekt, das etwas anderes als die ihm angebotene Wirklichkeit wünschen würde. Bildungswunsch und Bildungsziel stimmen miteinander überein. »Im ›Wilhelm Meister‹ ist das Geschehen durch das handelnde Einwirken eines bestimmten Willens der Personen auf ein aufgegebenes Substrat konstituiert, das der Wille formend sich identisch zu machen trachtet, Subjekt und Objekt bestimmen sich nach dem Modell idealistischer Versöhnung wechselweise. Dagegen fallen die Stifterschen Figuren in einem handlungsarmen Geschehen subjektlos mit ihrem Substrat zusammen« (Glaser 1965, 18). Innerlichkeit erscheint im »Nachsommer« nur noch im objektiven Korrelat äußerer Dinglichkeit. Das Ergebnis dieser Erzählweise, die Stifter von Anfang an konsequent entwickelt hat, ist eine höchst eigentümliche

Symbolkunst: alles, was im Roman an Dinglichkeit vorkommt, bedeutet etwas in bezug auf die Handlung, auf die seelische Befindlichkeit der Figuren, ohne daß sich diese Bedeutung von dem Dargestellten abstrahieren ließe.

Der »Nachsommer« ist der paradoxe Versuch, die problemjenseitige Welt des Epos, in der sich Ich und Welt noch in Übereinstimmung miteinander befinden, im modernen Bildungsroman wiedererstehen zu lassen. Damit wird die Kunstwelt des Romans zum Gegenentwurf einer Realität, in der es diese Übereinstimmung nicht gibt. Freilich erst im Nachhinein, schon gekränkt und verwundet durch die zurückhaltende Rezeption des »Nachsommer« durch Kritik und Publikum, erklärt Stifter das Werk zur Streitschrift gegen seine Zeit mit der Bemerkung, daß er es »wahrscheinlich [...] der Schlechtigkeit willen« gemacht habe, »die im allgemeinen mit einigen Ausnahmen in den Staatsverhältnissen der Welt in dem sittlichen Leben derselben und in der Dichtkunst herrscht. Ich habe eine große einfache sittliche Kraft der elenden Verkommenheit gegenüber stellen wollen« (11. 2. 1858; SW XIX, 93). Sein Gegenbild ist eine restaurative Utopie, eine ästhetische Idylle, die er »um 30 und mehr Jahre zurück« in der Vergangenheit ansiedelt. Den ursprünglich geplanten Zusatz »eine Erzählung aus unseren Tagen« ließ er deswegen von Heckenast zu »eine Erzählung« kürzen. Am Ende suche der Leser noch, dadurch verführt, »Dampfbahnen und Fabriken in dem Buche« (22. 3. 1857; SW XIX, 14).

Gesellschaft ist im »Nachsommer« auf wenige patriarchalische Familienverbände reduziert, die in Mustergütern auf dem Lande lebend wirtschaftlich autark sind. Patriarchalisch ist auch das Verhältnis des Grundherren zu seinen Untergebenen und Arbeitern gedacht. Klassenunterschiede – die nicht thematisiert werden – erscheinen als natürliche Ordnung der Dinge. Poetische Würde haben nur die durch Besitz und Bildung Privilegierten. In ihrem schönen Leben ist auch das Nützliche ästhetisch geworden. Vornehmste Beschäftigung ist die »Restauration des Schönen« in hierarchischer Abstufung, von der Wiederinstandsetzung alter Möbel bis zur Rettung antiker und mittelalterlicher Kunstwerke. Das pädagogische Ziel dieses Historismus hat Heinz Schlaffer so formuliert: »Ging einst [in der Antike] aus dem schönen Leben die schöne Kunst hervor, so soll nun aus der Anschauung des wiederhergestellten Kunstwerkes das ihm gemäße Leben wiedergeboren werden (Schlaffer 1975, 119).

Man hat es oft die Wahrheit der Stifterschen Kunst genannt, daß er im »Nachsommer« seine heile, schöne, problemfreie Welt so konstruiert, daß die problematischen Bedingungen ihrer Existenz für den Leser sichtbar werden. An mehreren Momenten des Romans thematisiert er sein ausschließendes, auswählendes Verfahren. Das wichtigste Beispiel ist die Rückblende mit der Jugendgeschichte des Freiherrn von Risach. Darin wird der Konflikt zwischen individuellem Glücksanspruch und gesellschaftlicher, sittlicher Norm unversöhnt gelassen, den Stifter seinem »gegenwärtigen« Liebespaar Heinrich und Natalie erspart. Buggert nennt das mit einer treffenden Formulierung eine »epische Arbeitsteilung«; »Heinrich Drendorf ist praktisch Vollstrecker der existentiellen Vorleistungen Risachs« (Buggert 1968, 174).

Die Thematisierung ausgeschlossener Problematik, also der Künstlichkeit der poetisch entworfenen Welt, hat Stifter aber nicht vor Kritik an diesem Verfahren und an der Weltanschauung des »Nachsommer« geschützt. Die programmatische Borniertheit, die in der Weigerung liegt, »die außerordentlichen Verwandlungen des Bewußtseins zur Kenntnis zu nehmen, die als historische oder psychologische Fragen die Zeitgenossen beschäftigten«, hat auch ein bürgerlicher Literarhistoriker wie Walther Killy moniert (Killy 1963, 192). Entsprechend schärfer ist die linke, in der Regel rein inhaltsbezogene Kritik. Die bisher wohl interessanteste Monographie – Glasers Studie – hat die inhaltliche Problematik auch als Formproblematik nachzuweisen gesucht.

Schönheit und Nutzen, Ethik und Ästhetik verbinden sich im »Nachsommer« zu einem in der deutschen Literatur wohl einzigartigen Kunstgebilde. Die didaktische Absicht des Verfassers prägt die Formgebung des Romans bis ins Komma (Stenzel), so wie umgekehrt alle lehrhaften Inhalte ästhetisch überformt werden. Bei der Rezeption und Wertung hat man diese beiden Momente meist auseinandergenommen und in eine Rangordnung gebracht, hat die Moral gegen die Kunst oder die Kunst gegen die Moral ausgespielt. Die zeitgenössische Kritik rühmte zwar die sich im Werk ausdrückende edle Gesinnung des Verfassers, sah aber das Überwiegen des »prodesse« vor dem »delectare« als künstlerischen Mangel an. Die schon zuvor vielfach als langweilig empfundene Beschreibungsmanie Stifters schien im »Nachsommer« an ihrem nicht mehr zu übertreffenden Höhepunkt – der »Witiko« war ja noch nicht geschrieben. *Hebbel* machte aus diesem Thema gleich zwei polemische

Rezensionen. »Drei starke Bände!« beginnt die erste und fährt fort: »Wir glauben nichts zu riskieren, wenn wir demjenigen, der beweisen kann, daß er sie ausgelesen hat, ohne als Kunstrichter dazu verpflichtet zu sein, die Krone von Polen zu versprechen« (Enzinger 1968, Nr. 156, 229). Da er keine polnischen Kronen zu vergeben hatte, riskierte er in der Tat nichts. Seine zweite Besprechung überschrieb er mit der berühmt gewordenen Formulierung »Das Komma im Frack« (Enzinger 1968, Nr. 157, 229), die in Döblins gegen Thomas Mann gerichteter Bemerkung von dessen »Stil in Bügelfalten« übrigens eine spätere Parallele hat. Insgesamt allerdings ist die zeitgenössische kritische Rezeption des Romans besser als ihr Ruf. Ein Publikumserfolg war der »Nachsommer« nicht, was auch nicht verwundert bei einem Werk, das so esoterisch ist und so wenig Konzessionen an den herrschenden Geschmack macht. Die Literaturwissenschaft in diesem Jahrhundert, die den lehrreichen und erbaulichen Botschaften des Romans eher verlegen gegenübersteht, hat ihn vor allem ästhetisch rezipiert, ihn als vollkommenes Kunstgebilde gewürdigt oder auch wegen seiner Realitätsferne kritisiert.

Literatur:

Erstausgabe: Der Nachsommer. Eine Erzählung. 3 Bde. Pest 1857
SW VI–VIII
W Bd. 5
Nachsommer-Fragmente. In: W Bd. 3, S. 327–334 (Erzählungen in der Urfassung)
Briefe an Gustav Heckenast. – Über den Roman »Der Nachsommer« (1853, 1856, 1857). In: Theorie und Technik des Romans im 19. Jh. Hrsg. von *Hartmut Steinecke.* Tübingen 1970
Hofmannsthal, Hugo von: Stifters »Nachsommer«. In: Ariadne. Jahrbuch der Nietzsche-Gesellschaft. München 1925, S. 27–35
Sieber, Dorothea: Stifters Nachsommer. Jena 1927 (Jenaer germanistische Forschungen 10)
Staiger, Emil: Adalbert Stifter. »Der Nachsommer«. In: *E. S.*, Meisterwerke deutscher Sprache aus dem 19. Jahrhundert. Zürich 1943, S. 147–162; 3. Aufl. 1957, S. 186–201
Rychner, Max: Stifters »Nachsommer«. In: *M. R.*, Welt im Wort. Literarische Essays. Zürich 1949, S. 157–180
Bardachzi, Karl: Andreas Freiherr von Baumgarten als Risach in Adalbert Stifters »Nachsommer«. In: Österreichische Akademie der Wissenschaften. Phil.-hist. Klasse, Anzeiger 88 (1951), S. 139–149
Rehm, Walther: Nachsommer. Zur Deutung von Stifters Dichtung. München 1951

Pascal, Roy: Adalbert Stifter. Indian summer. In: *R. P.*, The German novel. Studies. Manchester 1956, S. 52–75 (309–311)
Bollnow, Otto Friedrich: Der »Nachsommer« und der Bildungsgedanke des Biedermeier. In: Beiträge zur Einheit von Bildung und Sprache im geistigen Sein. Festschrift zum 80. Geburtstag von Ernst Otto. Hg. von G. Haselbach und G. Hartmann. Berlin 1957, S. 14–33
Bertram, Franz: Ist der »Nachsommer« Adalbert Stifters eine Gestaltung der Humboldtschen Bildungsideen? Diss. Frankfurt 1957
Schmidt, Arno: Der sanfte Unmensch. Einhundert Jahre Nachsommer. In: *A. S.*, Dya na sore. Gespräch in einer Bibliothek. Karlsruhe 1958, S. 194–229
Weydt, Günther: Ist der »Nachsommer« ein geheimer »Ofterdingen«? In: GRM 39 (1958), S. 72–81
Godde, E.: Stifters »Nachsommer« und der »Heinrich von Ofterdingen«. Diss. Bonn 1960
Killy, Walther: Utopische Gegenwart. Stifter: »Der Nachsommer«. In: *W. K.*, Wirklichkeit und Kunstcharakter. Neun Romane des 19. Jahrhunderts. München 1963, S. 83–103
Lange, Viktor: Stifter. Der Nachsommer. In: Der deutsche Roman. Vom Barock bis zur Gegenwart. Hg. von B. v. Wiese. Bd. 2, Düsseldorf 1963, S. 34–75, 423–426
Adel, Kurt: Eine Quelle von Stifters »Nachsommer«? In: Vj. 13 (1964), S. 81–87
Glaser, H. A.: Die Restauration des Schönen. Stifters »Nachsommer«. Stuttgart 1965
Stenzel, Jürgen: Zeichensetzung. Stiluntersuchungen an deutscher Prosadichtung. Göttingen 1966; »Der Nachsommer« S. 78–92
Seidler, Herbert: Gestaltung und Sinn des Raumes in Stifters »Nachsommer«. In: *H. S.*, Studien und Interpretationen. Hrsg. von L. Stiehm. Heidelberg 1968, S. 203–226
Nef, Ernst: Des Menschen Kunst und der Zufall in Stifters ›Abdias‹ und ›Der Nachsommer‹. In: *E. N.*, Der Zufall in der Erzählkunst. Bonn, München 1970, S. 41–58
Bandet, Jean Louis: La structure reconstituée. Remarques sur la composition de »Der Nachsommer«. Etudes Germaniques 26/1 (1971), S. 46–54
Müller, Klaus-Detlef: Utopie und Bildungsroman. Strukturuntersuchungen zu Stifters »Nachsommer«. In: ZfdPh 90 (1971), S. 199–228
Oertel-Sjögren, Christine: The Marble Statue as Idea. Collected Essays on Adalbert Stifter's »Der Nachsommer«. Chapel Hill 1972
Zagari, Luciano: Il »Nachsommer« di Stifter e la topografia dei beni irrinunciabili. In: AIDN 16 (1973) I, S. 135–171, S. 286–287
Lindau, Marie-Ursula: Stifters »Nachsommer«. Ein Roman der verhaltenen Rührung. Bern 1974
Bruford, W. H.: Adalbert Stifter: Der Nachsommer. In: *W. H. B.*,

The German Tradition of Self-Cultivation. Bildung from Humboldt to Thomas Mann. London 1975, S. 128–146
Lengauer, Hubert: Bedeutende Gebilde. Überlegungen zu einem Gemeinplatz in der Literatur des 19. Jahrhunderts. In: Sprachkunst 6 (1975), S. 261–275
Oertel-Sjögren, Christiane: Klotildes Reise in die Tiefe. Psychoanalytische Betrachtungen zu einer Episode in Stifters Nachsommer. In: Vj. 24 (1975) S. 107–111
Schlaffer, Heinz: Die Restauration der Kunst in Stifters »Nachsommer«. In: *H.* und *H. Schlaffer,* Studien zum ästhetischen Historismus. Frankfurt 1975, S. 112–120
Oertel-Sjögren, Christiane: Ein Musterbeispiel der Liebestheorie in Stifters »Nachsommer«. In: Vj. 26 (1977) F. 3/4, S. 111–115

3.4. »WITIKO«

Das Geschichtsepos galt in der realistischen Literaturtheorie – wie in der bildenden Kunst die Historienmalerei – immer noch als die ranghöchste literarische Gattung. Obwohl sich Stifter in der »Bunte Steine«-Vorrede gegen die herkömmliche Unterscheidung von großen, deshalb poetisch würdigen und kleinen, weniger würdigen Gegenständen gewehrt hatte, akzeptierte er diese Lehre, offenbar ohne darin einen Widerspruch zur eigenen Theorie und Praxis zu sehen. Kritik und Leserschaft, die ihn als poetischen Landschaftsmaler zum Teil herablassend einstuften, wollte er mit einem historischen Roman als dem »Epos in ungebundener Rede« beweisen, daß er als Dichter ernst zu nehmen sei.

»Damit ich mit ernsteren und größeren Sachen auftrete«, plant er schon 1844 einen Roman über »Maximilian Robespierre«, einem Helden, den man dem Dichter des »sanften Gesetzes« nicht zutrauen würde. 1847 schreibt er Heckenast von patriotischeren Studien zu einem »Roman aus unserer babenberger Heldenzeit«, wenig später von einem Roman aus der Ottokarzeit. Nach 1848 will er dann mit diesen Plänen sofort Ernst machen, »da mir aus der Stimmung der ganzen Welt und der meines eigenen Innern klar war, daß Dichtungen in jeziger Zeit ganz andere Motive bringen müssen, wenn sie hinreißen sollen, als vor den Märztagen« (8. 9. 48; SW XVII, 302). Jetzt läßt er sich von der Geschichte abfordern, was er vorher nur selber wollte oder glaubte, wollen zu müssen.

Der *Witiko* wird zum erstenmal 1850 unter dem ritterromantischen Titel »Der schwarze Knappe« (bald darauf »Der grüne Knappe«) erwähnt, als erster Band einer Geschichtstrilogie über das böhmische Geschlecht der Rosenberger, dem der »Wok von Rosenberg« und der »Zawesch von Falkenberg« hätten folgen sollen. Seine Fertigstellung hat sich dann Jahr um Jahr verzögert. Erst nach der Veröffentlichung des »Nachsommers« arbeitete Stifter regelmäßig daran, doch die Krankheit erzwang immer wieder größere Pausen und ohne den unmutig mahnenden Heckenast hätte er das Buch wohl kaum zu Ende geschrieben. Der letzte Band erschien erst 1867, ein Jahr vor seinem Tod. Stifter hat sich mit dem »Witiko« so gequält wie mit keinem andern seiner Werke: »Ich habe gearbeitet wie ein Pflugstier« (26. 4. 67; SW XXIII, 124). Diese Anstrengung wurde nicht einmal belohnt. Die Kritik, die für seine Selbstverpflichtung zum historischen Roman mitverantwortlich ist, weil ihr der Landschaftsmaler Stifter nicht bedeutend genug war, wies ihn nun auf seine Natur, auf seine spezifische Neigung und Begabung zurück: »Aus der jüngsten Literatur-Epoche Deutschlands ist uns kein zweites Beispiel bekannt, daß ein reichbegabter Autor ein großes, jahrelange Arbeit erforderndes Werk mit so völliger Täuschung über die Art und die Schranken seines Talentes unternommen hat, wie Adalbert Stifter die vorliegende Erzählung« (Enzinger 1968, Nr. 170, 263). Entstanden ist aus der Spannung zwischen dem Stoff und »der Art und den Schranken des Stifterschen Talentes« ein höchst eigentümliches und problematisches Kunstprodukt.

In seinem geographisch-autobiographischen Kern ist der »Witiko«, die Geschichte eines Bauwerks: der in der Nähe von Stifters Heimatdorf Oberplan gelegenen Burgruine Wittinghausen. Sie war der lokalen Überlieferung nach die Stammburg der Rosenberger und beschäftigte Stifters Phantasie schon in seiner Kindheit und Jugend. In der »Studien«-Erzählung »Der Hochwald« hatte er eine Geschichte erfunden, die die historisch verbürgte Zerstörung Wittinghausens im dreißigjährigen Krieg poetisch erklärte, im »Witiko« holt er nun die ebenso erfundene Gründungsgeschichte durch seinen Titelhelden nach. Über den historischen Witiko weiß man so gut wie nichts, was ihn zum Helden eines Geschichtsromans natürlich prädestiniert. Stifters Hauptquelle, *Franz von Palackys* »Geschichte von Böhmen«, nennt ihn nur als den ältesten bekannten Ahnherrn der Rosenberger und als königlichen Obertruchseß von 1169–76. Wie im Geschichtsroman üblich, verwickelt Stifter Witikos Schicksal in die historischen Ereignisse seiner Zeit. Schauplatz des Romans ist Böhmen um die Mitte des 12. Jhs.

Aus dem Streit um die böhmische Erbfolge entsteht ein Bürgerkrieg. Der aus einem uralten Geschlecht stammende, aber besitzlose Witiko kämpft nach anfänglicher Zurückhaltung auf der Seite des rechtmäßig gewählten Herzogs mit, und verhilft ihm als Führer seiner Nachbarn, den Waldleuten, in mehreren Schlachten zum Sieg gegen die Aufständischen. Der Friede im Land ist wiederhergestellt, Witiko wird für seine Dienste mit Land und Lehen belohnt und zum Feudalherrn erhoben. Er heiratet Berta, eine reiche Erbin, die seinen Aufstieg geduldig abgewartet hat. Als Stammburg des neuen Geschlechts wird Wittinghausen erbaut. Dann öffnet sich der Handlungsraum von der nationalen zur europäischen Geschichte. Der Herzog von Böhmen erwirbt als Verbündeter Barbarossas im Kampf gegen die rebellischen Mailänder die Königskrone. Böhmen wird in die Völkergemeinschaft des »Heiligen römischen Reiches deutscher Nation« eingegliedert, als dessen Erbe und Nachfolger sich das Habsburger Reich verstand.

Auf doppelte Weise ist der »Witiko« restaurative politische Utopie. Gegen den Zerfall der inneren Ordnung Österreichs, der in der Revolution manifest geworden war, setzt Stifter die Gründung eines hierarchisch gegliederten mittelalterlichen Feudalstaates. Sein Entwurf, mit dem er sich dem organischen Staatsdenken der »politischen Romantik« (Adam Müller) anschloß, wird freilich merkwürdig relativiert durch eine »künstliche Demokratisierung des Geschichtsbildes« (Buggert 1968, 287). Die sehr breit geschilderten Versammlungs- und Beratungsszenen des Romans hat Stifter den Parlamentsdebatten seiner Zeit nachgebildet. Anachronistisch wie der Traum vom Feudalstaat mitten im 19. Jh. ist auch der zweite große in Geschichte verkleidete Wunsch des Romans, die Einheit einer übernationalen Völkergemeinschaft auf christlicher Grundlage zu einer Zeit, als das Habsburger Reich sich in Nationalstaaten aufzulösen begann. Selbst mit der Widmung des Romans »Seinen Landsleuten/insbesondere/der alten ehrwürdigen Stadt Prag« versuchte Stifter diese Entwicklung zu ignorieren.

Keine Äußerung Stifters zeigt, ob ihm bewußt war, in wie starkem Maße sein Roman politische Stellungnahme war. Er selbst hat sein Interesse am historischen Stoff im allgemeinen und im besonderen stets moraltheologisch begründet: »In ihren [d. h. der Völker] Schiksalen zeigt sich die Abwiklung eines riesigen Gesezes auf, das wir in Bezug auf uns das Sittengesez nennen, und die Umwälzungen des Völkerlebens sind Verklärungen dieses Gesezes« (8. 6. 1861; SW XIX, 282). Die optimistische Deutung der Weltgeschichte als »fortschreitendem Weltgericht« ist aufklärerischer Geschichtsphilosophie verpflichtet, mit einem bezeichnenden Unterschied allerdings. Wenn Jean Paul in einem kleinen Aufsatz »Gott in der Geschichte und im Leben« postuliert, ist er sich bewußt, daß die Evidenz der Wirklichkeitserfahrung dagegen spricht. Stifter dagegen weigerte sich, zwischen philosophischem Entwurf und zu Grunde liegender Faktizität einen Widerspruch, eine Spannung anzuerkennen. Er wollte den höheren Sinn unmittelbar aus der Wirklichkeit ablesen. Seine Formel für Wesen und Aufgabe aller Kunst – »Darstellung der objectiven Menschheit als Widerschein des göttlichen Waltens« (21. 8. 47; SW XVII, 248) – hält diesen Anspruch präzise fest. Was das für die Praxis des Romanschreibens bedeutet, zeigt Stifters Umgang mit dem historischen Quellenmaterial zum »Witiko« auf schon komische Weise. Einerseits hat er sich ängstlich um die Richtigkeit des geringsten kulturhistorischen Details bemüht – wenig erfolgreich allerdings –, und die Entdeckung eines falschen Datums stürzte ihn in Verzweiflung. Auf der anderen Seite aber manipulierte er historische Fakten durch Auslassen, Umformen, Änderung der Motivation, sobald sie seiner Geschichtsdeutung widerständig waren und holte wie ein Taschenspieler einen Sinn aus der Geschichte heraus, den er zuvor selbst hineinpraktiziert hatte, nur daß er dabei sich selbst so gut wie das Publikum betrog. Gegen den Widerstand der von ihm behandelten Epoche, die geprägt wird durch Aufruhr, Revolution, Verrat, blutige Schlachten war diese Sinnfindung und Sinngebung gewiß nicht leicht. Um so nötiger brauchte Stifter den fiktiven Lebenslauf seines Helden, an dem sich dieser Sinn widerstandslos vorführen und behaupten läßt. Im Spiegel seiner Biographie materialisiert und verkürzt sich das Fortschreiten der Menschheit zum sozialen Aufstieg – des Verfassers eigene konkrete Sehnsüchte und Wünsche fallen eigentümlich mit Menschheitshoffnungen zusammen. Weil Witiko *immer* das Rechte tut, also von sittlicher Idealität ist, ist dieser Aufstieg eine gleichsam naturgesetzliche Notwendigkeit.

Das Rechte tun, heißt im »Witiko« »der Forderung der Dinge« folgen. Diese verführerisch einfache Handlungsmaxime folgt aus dem Postulat eines in der Erscheinungswelt »im Wesen der Dinge« beschlossenen Sittengesetzes. In seiner Erkenntnis soll die Spannung zwischen Politik und Moral aufgehoben sein, die im Roman zur Spannung zwischen Legalität und Moralität verschoben ist, da Stifter einen Eigenbereich des Politischen mit einander widerstreitenden ökonomischen und sozialen Interessen nicht anerkennt. Wenn man das Rechte tut, indem man der Forderung der Dinge folgt, handelt man zugleich (moralisch) richtig und rechtmäßig. Das pädagogische Pathos, mit dem Stifter diese Lehre vorträgt, steht zu ihrem Gebrauchswert in einem Mißverhältnis. Da die postulierte Möglichkeit einer objektiv richtigen Entscheidung Fiktion ist – eine Problemlösung sozusagen auf Kosten des Problems –, kommt für die Praxis nicht mehr heraus als die nützliche, aber nicht eben originelle Anweisung, daß man seine Entscheidungen nach bestem Wissen und Gewissen fällen möge.

Die Kunstform des »Witiko« hat seine ethischen und politischen Gehalte und Botschaften überdauert, wenn auch nicht die Probleme, auf die sie antworten sollten. Diese Kunstform resultiert aus Stifters Versuch, den historischen Stoff zum »Epos in ungebundener Rede« zu gestalten. Als das Wesen des Epos erscheint ihm vor allem, daß die »Geschichte die Hauptsache sei und die einzelnen Menschen die Nebensache«. Ausdrücklich setzt er sich in einem Brief an Heckenast von den Konventionen des historischen Romans ab: »Man erzählt gewöhnlich bei geschichtlichem Hintergrunde Gefahren Abenteuer und Liebesweh eines Menschen oder einiger Menschen. Mir ist das nie recht zu Sinne gegangen. Mir haben unter Walter Scotts Romanen die am besten gefallen, in denen das Völkerleben in breiteren Massen auftritt« (8. 6. 1861; SW XIX, 282). Zwar hat Stifter in seinem Roman auf die aufgezählten konventionellen Momente doch nicht ganz verzichten können und mögen, doch wirkt er durch die Art seiner Darstellung ihrer traditionellen Funktion – Spannung zu erzeugen und die Identifikation des Lesers zu ermöglichen – entgegen. Sein Romanheld Witiko verbirgt seine goldenen Locken unter einer Lederhaube und geht überhaupt ganz in Leder gekleidet – ein genaues Bild für die programmatische Entromantisierung und »Entromanisierung« der Hauptfigur. Über seine Innerlichkeit erfahren wir – bis auf wenige Ausnahmen – nicht einmal mehr etwas im Reflex äußerer Dinglichkeit. Er ist gleichsam die Negation von Individualität, ist »allgemeiner« Mensch. Es gibt im »Witiko« keinen Erzähler, der die Ereignisse kommentierend und reflektierend begleitete. »Das ganze Handeln des Helden zerfällt in spröde Atome« (Enzinger 1968, Nr. 192, 318). Die Geschichte – Geschichte überhaupt – scheint sich selbst zu erzählen. Der daraus resultierende Zerfall in sinnleere Wirklichkeitspartikel, zu dem der Roman tendiert, steht im

Widerspruch zur zu Grunde liegenden ideellen Prämisse einer in sich selbst schon sinnvollen Realität.
Stifter sah im problematischen Verhältnis von Stoff und Form die entscheidende Schwierigkeit der Arbeit am historischen Roman. »In allen meinen frühern Sachen habe ich den Stoff mehr oder minder aus mir selbst geboren, er floß daher samt seiner Form aus mir in die Feder.« Im »Witiko« mußte er die Form zum Stoff erst finden, mußte Wirklichkeit in Kunst übersetzen, »denn die wirklichste Wirklichkeit jener Personen wäre in der Kunst ungenießbar« (Januar 1861, SW XIX, 266). Die notwendige Stilisierung wird bestimmt durch den Willen zu epischer Naivität und Objektivität. Leitbilder sind dabei die Bibel, Homer, das Nibelungenlied, mittelalterlicher Chronikstil. Aus seinen Quellen übernahm er ganze Passagen fast unverändert. Der »gebundenen Rede« des Epos nähert er sich durch Rhythmisierung und Wiederholung an. Auf Metaphorik und Bildlichkeit ist fast ganz verzichtet, die Syntax sehr einfach – sie sei »von paradiesischer Ursprünglichkeit«, schreibt Gottschall ironisch in seiner Rezension (Enzinger 1968, Nr. 192). Doch hat Stifter die angestrebte Einheit von Stoff und Form nicht verwirklichen können. Man merkt dem Werk die Anstrengung der Überformung an. Das Erreichte bleibt meist hinter der poetischen Vision zurück. Einfachheit erscheint dann als Geistesarmut, Strenge als Dürre, Objektivität als Sinnleere, Gelassenheit als Langeweile. »Hoffentlich findet dieser Stil, der aus lauter Haut und Knochen besteht und dem alles Fleisch fehlt, keine Nachahmung« (Enzinger 1968, Nr. 192, 319), wünscht Gottschall in seiner Kritik. Für die Größe des Scheiterns hatten die Zeitgenossen keinen Sinn. Allerdings haben – in einer Blütezeit des historischen Romans – nur wenige den »Witiko« gelesen. Von der Kritik wurde er überwiegend negativ beurteilt. Lange Zeit hielten ihn selbst sonst begeisterte Anhänger Stifters wie etwa sein Biograph Hein für ein mißlungenes, altersschwaches Werk, dessen letzter Band deutlich zeigt, daß die Kräfte des Dichters zunehmend nachließen.
Stifter wollte mit dem »Witiko« eine Antwort auf die politischen Erschütterungen und Probleme seiner Zeit geben, und bezeichnenderweise ist der Roman in unserem Jahrhundert jeweils nach den Weltkriegen wiederentdeckt und gelesen worden. Man suchte und fand darin die Bestätigung dessen, was man sich gerne bestätigen lassen wollte: daß Geschichte doch einen Sinn habe, daß ein geordnetes Zusammenleben eines Volkes und der Völker untereinander möglich sei und daß sich

überhaupt alle Probleme mit Vernunft, gutem Willen, Geduld lösen ließen. »Witiko« also als ein politisch-ethisches Lehrbuch: die meisten der Arbeiten zum Roman, die bald nach dem zweiten Weltkrieg erschienen, stammen von Politologen, Historikern, Juristen.

Das Modell eines Volksorganismus – »vom Einzelnen zur Sippe, zum Dorf, zum Gau, Stamm, Volk, Nation und darüber hinaus zum Übernationalen des Christenreiches« (Grolmann 1926, 97), die radikale Entindividualisierung aller Figuren, der Versuch, die Einzelnen in der Größe »Volk« aufzuheben, die Faszination des Verfassers durch das Heroische des mittelalterlichen Epos: all das sind Gründe dafür, daß die faschistische Literaturwissenschaft den »Witiko« für sich entdecken und mit Werken wie Grimms »Volk ohne Raum« zusammenstellen konnte. »Hier haben sie, wie im Fall Nietzsches, wirkliches, legitimes Erbe zurückerobert. Allerdings nicht in dem Sinne, daß Stifter in direkter Beziehung zur ›nationalsozialistischen Weltanschauung‹ stünde [...], sein ästhetisch verdinglichter Quietismus scheint im Gegenteil den schroffsten Gegensatz zur Dynamik des ›heroischen‹ Realismus zu bilden« (Lukács 1955, 266 f.). Auch Arno Schmidts »Witiko«-Polemik läuft auf den Faschismus-Vorwurf hinaus. Die Rezeption der sechziger und siebziger Jahre ist wesentlich durch das Interesse an der ästhetischen Form des »Witiko« geprägt.

Literatur:

Erstausgabe: Witiko. Eine Erzählung. 3 Bde. Pest 1865–1867
SW IX–XI
W Bd. 4

Lukács, Georg: Der historische Roman. Berlin 1955
Eggert, Hartmut: Studien zur Wirkungsgeschichte des deutschen historischen Romans 1850–1875. Frankfurt 1971

Flöring, Karl: Die historischen Elemente in Adalbert Stifters »Witiko«. Gießen 1922 (= Gießener Beiträge zur deutschen Philologie 5/I) Nachdruck: Amsterdam 1968
Grolman, Adolf von: Adalbert Stifters Romane. Halle 1926. Erw. Neuauflage: A. v. G., Vom Kleinod in allen Zeiten. Einige Stationen auf dem Wege zur Erkenntnis von Stifters Wesen, Werk und Wirklichkeit. Hamburg 1952
Bahr, Hermann: Adalbert Stifters Witiko. St. Gallen 1928

Hüller, Franz: Adalbert Stifters »Witiko«. Eine Deutung. Eger, Kassel-Wilhelmshöhe 1930; 2. Aufl. Graz, Wien 1953 (Schriftenreihe ... 5)

Blumenthal, Hermann: Stifters »Witiko« und die geschichtliche Welt. Studien zum geschichtlichen Bewußtsein und seiner dichterischen Ausprägung im 19. Jh. In: ZfdPh 61 (1936), S. 393–431

ders.: Adalbert Stifters Verhältnis zur Geschichte. In: Euph. 34 (1933), S. 72–110

Barnes, H. G.: The function of conversations and speeches in »Witiko«. In German studies. Presented to H. G. Fiedler. Oxford 1938, S. 1–25

Wolf, Erik: Der Rechtsgedanke Adalbert Stifters. Frankfurt/M 1941

Rychner, Max: Witiko. In: *M. R.*, Welt im Wort. Literarische Essays. Zürich 1949, S. 181–210

Pütz, Theodor: »Witiko« als Urbild des politischen Menschen. Wien, Stuttgart 1950

Schoolfield, George: The Churchmen in Stifter's »Witiko«. In: Monatshefte (Wisconsin) 43/6 (1951), S. 285–293

Fechner, Erich: Recht und Politik in Adalbert Stifters Witiko. Stifters Beitrag zur Wesensbetrachtung des Rechts und zur Charakterologie und Ethik des politischen Menschen. Tübingen 1952

Enzinger, Moriz: Witiko Geographie. In: Adalbert Stifter-Almanach 1953, S. 54–78; Wiederabgedruckt in: *M. E.*, Gesammelte Aufsätze zu A. S., Wien 1967, S. 192–218

ders.: Stifters Weg zum Geschichtsroman und der Plan zum »Zawisch«. In: Festschrift für Dieter Kralik. Horn 1954, S. 259–271; Wiederabgedruckt in: *M. E.*, Gesammelte Aufsätze zu A. S., Wien 1967, S. 219–237

ders.: Adalbert Stifters »Wok« und die Rosenbergtrilogie. In: Vj. 4 (1955), S. 131–145; Wiederabgedruckt in: *M. E.*, Gesammelte Aufsätze zu A. S., Wien 1967, S. 235–254

ders.: Stifter und die altdeutsche Literatur. In: Sitzungsberichte der Österr. Akademie der Wiss. Phil.-hist.-Klasse, Bd. 238, 4 (1961), S. 1 ff.; Wiederabgedruckt in: *M. E.*, Gesammelte Aufsätze zu A. S., Wien 1967, S. 338–364

Schmidt, Arno: »... und dann die Herren Leutnants! Betrachtungen zu »Witiko« & Adalbert Stifter. In: *A. S.*, Die Ritter vom Geist. Von vergessenen Kollegen. Karlsruhe 1965, S. 282–317

Weippert, Georg: Stifters Witiko. Vom Wesen des Politischen. Mit einem Nachwort von Theodor Pütz. Wien 1967

Seibt, Ferdinand: Stifters »Witiko« als konservative Utopie. In: Stifter-Jahrbuch IX. München 1971, S. 23–39

Selge, Martin: Die Utopie im Geschichtsroman. Wie man A. Stifters Witiko lesen kann. In: DU 27 (1975), S. 86–103

Pfotenhauer, Helmut: Die Zerstörung eines Phantasmas. Zu den historischen Romanen von Stifter und Flaubert. In: GRM 27, 1 (1977), S. 25–47

3.5. »Die Mappe meines Urgrossvaters«

Der »Mappe«-Stoff hat Stifter sein Dichterleben lang immer wieder beschäftigt. Die expressive, sprunghafte Novellenskizze der ›Urfassung‹ (1841/42) wandelte sich über die etwa dreimal so umfangreiche »Studienmappe« (1847) zum Fragment eines auf zwei Bände angelegten Romans, an dem Stifter noch in seinen letzten Lebensmonaten gearbeitet hat. Wo nach ungefähr einem Drittel des zweiten Bandes das Manuskript abbricht, hat der Nachlaßverwalter Johannes Aprent vermerkt: »Hier ist der Dichter gestorben.« Diese sogenannte »Letzte Mappe«, der noch eine dritte Fassung aus dem Jahre 1864 vorausgeht, hat Franz Hüller 1939 erstmals vollständig aus dem Nachlaß herausgegeben.

In allen Bearbeitungen ist die »Mappe« eine Rahmenerzählung: Aus einem alten Lederbuch (der »Mappe«) teilt der Ich-Erzähler autobiographische Aufzeichnungen seines Großvaters, des Arztes Augustinus mit. Unter der Überschrift »Die Antiken« steht diese Rahmenfiktion am Anfang der in vier Kapiteln erzählten Urfassung. Das dritte Kapitel der Mappe, »Die Geschichte von den zween Bettlern«, steht in der Chronologie von Augustinus' Lebensgeschichte am Anfang. Es spielt in seiner Studienzeit, erzählt von der Freundschaft zwischen ihm und dem Dichter Eustach, von dessen Liebe zur schönen Kaufmannstochter Christine und Eustachs spurlosem Verschwinden. – Im Böhmerwald – Stifter hat seine eigene Heimat poetisch verklärt – läßt sich Augustinus als Landarzt nieder, verliebt sich in Margarita, die Tochter eines Obristen, verliert sie durch sein eifersüchtiges Mißtrauen. Außer sich vor Schmerz will er sich umbringen, wird aber durch das Hinzukommen des Obristen davon abgehalten. Zum Trost und zum Beweis für den tieferen Sinn eines solchen Unglücks erzählt ihm dieser seine eigene stürmische Lebensgeschichte: »Seht, der Schmerz ist ein Kleinod, ein wahrer Engel ist er, an dem unsere Seele reifen kann und soll« (W 195). Augustinus entschließt sich, als Arzt fortan ganz im Dienste seiner Mitmenschen zu leben und (nach dem Beispiel des Obristen) von Zeit zu Zeit seine Erfahrungen in der »Mappe« niederzuschreiben. Damit will er sich der eigenen Entwicklung vergewissern, deren Ziel erreicht ist, wenn er mit sich selbst identisch geworden ist, wenn vergangenes und gegenwärtiges Empfinden zusammenfallen. Dann fällt auch die Notwendigkeit dieser Niederschriften Weg. (2. Kap. = »Der sanftmütige Obrist«). – Nach einigen Jahren entsagungsvoller

Arbeit, die ihn zum allgemein geachteten Mann gemacht hat, trifft Augustinus Margarita auf einem Volksfest wieder, die jetzt in eine Heirat einwilligt. (4. Kap. = »Das Scheibenschießen in Pirling«).

Poetische Figuren haben ihr Eigenleben. In die »Studienfassung«, die grundsätzlich die gleiche Geschichte erzählt, tritt Augustinus schon als viel besserer Mensch ein. Von Anfang an kümmert er sich um die Kranken des Umlandes, er baut sich ein Haus, ist mit der Gewinnung neuen Ackerlandes auch zivilisatorisch tätig. Der Schmerz um Margarita kann ihn deshalb auch nicht mehr grundsätzlich zu einer Umkehr bewegen, er kann ihn nur *noch* besser machen: »Ich muß mein Amt mit noch größerem Eifer verwalten, ich muß in die tiefsten Dinge desselben nieder steigen, und muß die größten Schwierigkeiten und die kleinsten Pflichten desselben tun, damit wieder Alles ausgeglichen werde« (SW II, 308). Diese Änderung wiederum wirkt auf die Fabel zurück: »Der Hängeversuch, der muß weg, weil der Doctor das nicht thut« (16. 2. 47; SW XVII, 209). Verwirklicht hat Stifter diesen Vorsatz dann erst in der letzten Mappe. Doch wird dadurch die Fabel der »Mappe« tendenziell funktionslos. Diese Idealisierung ist typisch für die Entwicklung der Stifterschen Erzählkunst, ebenso wie eine Reihe von weiteren Zügen, in denen die »Studienmappe« von der ersten Fassung abweicht. Das erzählerische Interesse hat sich »von den besonderen Ereignissen auf die alltäglichen Vorgänge, vom katastrophalen Einzelfall auf die Konstanz der Lebenssituation« verlagert (Böckmann 1962, 401). Die verschiedenen Tätigkeiten des Augustinus werden sehr breit entfaltet. Stifter erkannte selbst, daß er beim Einebnen und Normalisieren des Guten zuviel getan hatte und gestand Heckenast, es habe ihn bei der Korrektur »oft geradezu schreklich gelangweilt« (16. 2. 47; SW XVII, 208). Dafür hat er in die »Studienmappe« mit der Beschreibung eines Eisfalls eine seiner größten Katastrophenschilderungen neu eingefügt. Insgesamt war er mit dem Werk unzufrieden (»Ich habe mich nicht umsonst so auf das Buch gefürchtet – und schreiben mußte ich es, weil es eine Seite, und ich bilde mir ein, eine gar so schöne Seite meiner Seele ist« [16. 2. 47; SW XVII, 209]) und kündigte seinem Verleger an, er werde »allmälig an dem Dinge arbeiten [...] daß Sie in zwei Bänden ein selbstständiges Buch daraus machen«. Zwei Jahrzehnte später hat er diese Ankündigung wahr gemacht, bzw. wahr machen wollen.

Daß der alte Goethe den »Werther« noch einmal hätte umschreiben wollen, kann man sich beim besten Willen nicht vorstellen, aber etwas ähnlich Seltsames hat Stifter mit seiner späten Bearbeitung des »Mappe«-Stoffes versucht. Zwei Lebensalter stoßen darin zusammen und die epische Objektivität des Altersstils wird seltsam gebrochen durch Fragmente und Relikte der expressiven Gefühlssprache, die das Frühwerk charakterisiert. Andererseits verhalf ihm die große historische Distanz zu dieser Geschichte aus seiner Jugend, die zugleich auch eine Geschichte seiner Jugend *ist,* zum entspannteren Verhältnis zur eigenen Vergangenheit, zu sich selbst. Erstmals kann sich in der »Letzten Mappe« der Reflexionsprozeß artikulieren, der hinter den Besserungsversuchen des Augustinus steht, vielleicht findet er sogar zum erstenmal wirklich statt: »In meinem Haupte stiegen allerlei seltsame Gedanken empor [...] Wer bin ich bisher gewesen? Bin ich ein rechter Mensch gewesen oder ein rechter Arzt? Wer bin ich als Mensch gewesen?« (SW XII, 238 f.). Auch daß die Episode von den »zween Bettlern« in der »Letzten Mappe« eine so wichtige Rolle spielt, daß die Margarita-Geschichte zurückgedrängt wird, hat wohl mit dieser neuen Selbstbefragung zu tun. Aus der Urfassung fällt das Bettler-Kapitel nicht nur chronologisch heraus. Der angefangene Handlungsfaden reißt mit dem Verschwinden des Eustach ab. In die »Studienmappe« hat Stifter das Kapitel gar nicht aufgenommen. In der »Letzten Mappe« sind die »zwei Bettler« dann wieder da, nunmehr an der chronologisch richtigen Stelle. Auch die Handlung wird weitergeführt. Augustinus forscht nach dem verlorenen Freund Eustach und auch, als diese Suche als erfolglos vorläufig aufgegeben wird, läßt ihn der Gedanke an ihn nie ganz los. Gegen Ende des erhaltenen Manuskripts zeichnet sich Eustachs Wiederkehr ab. Man kann vermuten, daß sie am Schluß der Erzählung hätte stehen sollen. Weil sich formalästhetisch wohl das Weglassen der Bettler-Episode aus der »Studienmappe« erklären läßt, aber nicht diese Wiederaufnahme, hat Korff, gestützt auf Überlegungen von Endres, eine psychologische Begründung versucht. In dem Freundespaar Augustinus – Eustach habe Stifter nach romantischem Vorbild seine Doppelnatur von Bürger und Künstler abgebildet. Das Verschwindenlassen des Eustach bedeute die Verdrängung der künstlerischen Seite seines Wesens, die Rückkehr entsprechend die Einsicht in den Wert des einst so leicht verloren Gegebenen. Daß der Augustinus der »Letzten Mappe« im verlorenen Freund auch ein verlorenes Selbst sucht, darauf scheint seine gleichsam existentielle Unruhe über den Verlust hinzudeuten. So wie er gegangen war, als romantisch-subjektiver Künstler, sollte Eustach allerdings nicht zurückkehren, sondern gebildet zum Landschaftsarchitekten, zu einem Künstler also, der seine Subjektivität der Objektivität des Bestehenden unterordnet, der nicht das Kunstschöne schafft, sondern das Naturschöne zur Geltung bringt. In seinem Entwurf eines Landschaftsgartens ist die Ästhetik des Stifterschen Spätwerks auf exemplarische Weise realisiert (Böhler).

Aber auch, wenn man Korffs Interpretation bezweifelt, bleibt die »Letzte Mappe« eine »therapeutische« Dichtung, in deren Mittelpunkt das Motiv des Heilens und der »Selbstheilung durch Heilen« steht. Die ärztliche Tätigkeit des Augustinus und seine Beziehung zu verschiedenen Patienten werden sehr eingehend beschrieben. Neu eingeführt ist die Figur der gemütskranken Isabella, die Augustinus mit einer Art von Gesprächstherapie behandelt. Dem zum Teil ausgesprochen tröstlich-erbaulichen Charakter des Werkes entsprechen die vielen christlichen Züge und Bezüge, die in den früheren Fassungen schon angelegt sind: vom Arztberuf des Helden (Christus, der Seelenarzt) über die Heiligengestalt Margarita bis zur Botschaft neutestamentarischer Tugenden wie Sanftmut, Demut, Opferbereitschaft, Dienst am Nächsten. Der Lebensentwurf der »Letzten Mappe« ist sozialethisch, so wie der des »Nachsommer« individual-ästhetisch und der des »Witiko« politisch-öffentlich.

Stifter hat sich mit der Trostdichtung der »Mappe« – seinem »Lieblingskind« –, selbst zu trösten und zu heilen versucht. Als er sich 1864 die »Studienfassung« zur Umarbeitung wieder vornahm, war er körperlich und seelisch schwer krank und das Schreiben ihm eigentlich vom Arzt verboten worden: »Was ich für die Krankheit durch Schreiben Übles that, wurde doch wieder dadurch ein Gutes, daß mein Gemüt ruhiger und heiterer wurde, und auf den Körper heilsam zurük wirkte« (28. 8. 64; SW XX, 216). Vielleicht teilte sich ihm noch etwas von jenem innigen und reinen Glücksgefühl mit, das er einst in die »Studienmappe« hätte legen wollen:

»Und wenn ich so die freundlichsten geweihtesten Stunden darauf verwenden würde, so würde es sich zusammen finden, einfach, klar durchsichtig und ein Labsal, wie die Luft. Der Leser würde in dem Buche fort gehen zwischen allbekannten, geliebten Dingen, und sachte gebannt und eingezirkelt werden, so wie man im Frühlinge in warmer Luft im allseitigem Keimen in glänzender Sonne geht, und glükselig wird, ohne sagen zu können, wodurch man es geworden« (16. 2. 47; SW XVII, 209).

»Die Folge der Fassungen der ›Mappe‹ stellt die Geschichte der Künstlerschaft Stifters dar« (Martini 1962, 553). Nach dieser bis vor kurzem wohl allgemein akzeptierten These repräsentieren die drei im Druck vorliegenden Fassungen der »Mappe« die drei »klassischen« Entwicklungsstufen des Dichters – Jugend, Reife, Alter. Bei der Betrachtung des Werkes stand der entwicklungsgeschichtliche Aspekt meist im Vordergrund, so daß das besondere Beispiel der »Mappe« oft nur Mittel ist, um das Allgemeine dieser Entwicklung aufzuzeigen (typisch etwa der »Mappe«-Artikel in »Kindlers Literaturlexikon«). In den verschiedenen Deutungen erscheint sie als Reifeprozeß hin zum »klassischen« Stil (Kunisch), als Weg zur epischen Objektivität (Böckmann) oder auch als Verfall zu einer Kunst der letztlich leeren Abstraktion. Nach Selges Meinung taugt die »Mappe« (bzw. ihre verschiedenen Fassungen) nicht als Paradigma der Stifterschen Entwicklung. Zum einen, weil die mittlere Stilphase fehle, »die zumindest aus den ›Bunten Steinen‹ und dem ›Nachsommer‹ substituiert werden müßte« (1976, 72), zum andern (»der schwerwiegendere Fehler«), weil die »Letzte Mappe« nur ein schlechter Repräsentant der späten Entwicklungsstufe sei. »Sie konserviert in vielen Elementen [...] das Entwicklungsstadium der ›Studien‹« (ebda). Sein eigenes Modell, wonach der Dichter mit bestimmten Werken hinter seiner »wahren«, nur in der Konstruktion des Literaturwissenschafters existenten Entwicklung zurückbleiben kann, ist allerdings kaum weniger problematisch.

Als letztes Vermächtnis dichterischer Lebensweisheit ist die »Letzte Mappe« für die Stifter-Gemeinde zu so etwas wie einem heiligen Buch geworden. Seidler mißt in seinem Forschungsbericht (1970/71) die Berufenheit eines Stifter-Interpreten an seinem Verständnis für dieses Werk. In der oft nur bekennenden, affirmativen und deshalb schwer erträglichen Rezeption wird das Werk zur fromm-konservativen Heimatdichtung, die eine Reihe dafür typischer Werte feiert: »ländlich einfaches Dasein, das Ethos der Arbeit und des sozialen Dienstes, der demokratisch-patriarchalische Bezug zum Volklichen, die Einordnung in Heimat, Landschaft und Haus als beseelte Lebensräume, die Pflege von Maß und Innerlichkeit« (Martini 1962, 553).

Literatur:

»*Die Mappe meines Urgroßvaters*«. In: Wiener Zeitschrift für Kunst, Literatur, Theater und Mode. Wien 1841, Nr. 88–93; 1842, Nr. 43–50 (1841 = I Die Antiken, II Der sanftmüthige Obrist, III Die Geschichte der zween Bettler; 1842 = IV Das Scheibenschießen in Pirling)
In: W Bd. 1 (Erzählungen in der Urfassung)

»*Die Mappe meines Urgroßvaters*«. In: Studien Bd. 3, 1847
SW III
W Bd. 6

»*Die Mappe meines Urgroßvaters*« [Letzte Mappe]. In: Adalbert Stifter, Vermischte Schriften. Bd. 1, Pest 1870 (von J. Aprent gekürzte Fassung)
SW XII (Reichenberg 1939)
W Bd. 8

Leberl, Lucie: Vergleich der drei Fassungen von Adalbert Stifters Erzählung »Die Mappe meines Urgroßvaters«. Diss. Wien 1946
Zenker, Edith: Klassik und Romantik in Stifters 3 Fassungen der »Mappe meines Urgroßvaters«. Diss. Leipzig 1948
Endres, Marie-Christine: »Zwei Seelen wohnen, ach«. Ein Wort zur Geschichte von den zwei Bettlern. In: Vj. 6 (1957), S. 99–105
Eisenmeier, Eduard: Adalbert Stifter. Die Mappe meines Urgroßvaters in tschechischer Übersetzung. In: Vj. 8 (1959) F. 3/4, S. 102–110
Böckmann, Paul: Die epische Objektivität in Stifters Erzählung »Die Mappe meines Urgroßvaters«. In: Stoffe, Formen, Strukturen. Studien zur deutschen Literatur. Hans Heinrich Borcherdt zum 75. Geburtstag. Hrsg. von A. Fuchs und H. Motekat. München 1962, S. 398–423
Fischer, K. G.: Vom »einfachen Leben« bei Adalbert Stifter. Der Konflikt von Moral und Existenz in der »Mappe«. In: Österreich in Geschichte und Literatur 9/2 (1965), S. 101–114
Hömke, Horst: Der Landschaftsgarten in der letzten Fassung von Adalbert Stifters »Die Mappe meines Urgroßvaters«. Ein pädagogisches Vermächtnis. In: Die pädagogische Provinz 21 (1967), S. 536–557
Müller, Joachim: Einige Gestaltzüge in Stifters »Letzter Mappe«. In: A. S., Studien und Interpretationen. Hrsg. von L. Stiehm, Heidelberg 1968, S. 245–270
Böhler, Michael: Die Individualität in Stifters Spätstil. Ein ästhetisches Problem. In: DVjs. 42 (1969). S. 652–684
Aspetsberger, Friedbert: Die Aufschreibung des Lebens. Zu Stifters »Mappe«. In: Vj. 27 (1978), F. 1/2, S. 11–38

3.6. Einzelne Erzählungen

a) »Julius«

Wohl schon lange vor dem Erscheinen seiner ersten Erzählungen hat sich Stifter als Dichter von Prosa versucht. Er spricht davon in seinen Briefen und »das rasche Hervortreten seiner Erzählungen deutet darauf hin, daß Vorbereitetes vorhanden gewesen sein muß« (Enzinger 1954, 185). Erhalten sind von diesen frühen Versuchen nur Bruchstücke einer Erzählung mit dem Titel *Julius*. Der Schluß fehlt oder ist nie geschrieben worden.

Vermutlich von Stifters eigener Hand stammt die Datierung »aus 1827« auf einem Beiblatt zur Handschrift, doch hat die Forschung dieser Angabe meist mißtraut. Aus sprachlichen Gründen hielt man eine Entstehungszeit um 1829/30 für wahrscheinlicher, als Terminus ad quem galt die Jean Paul-Lektüre zu Anfang der dreißiger Jahre, die Stifter stilistisch so stark beeinflußt hat. Das ist von Korff angezweifelt worden, der im »Julius« schon Spuren der »Flegeljahre« zu entdecken glaubt und Fischer hält ein Entstehen um 1833/34 jedenfalls für möglich. Noch schwieriger ist die Datierung der offenbar viel später in das Manuskript eingefügten Korrekturen und Ergänzungen. Hüller nahm die vierziger Jahre an, Fischer schreibt sie dem alten Stifter zu, zweifelt zugleich aber an der Möglichkeit einer endgültigen Entscheidung.

All diese Anstrengungen gelten einem Werk, das vor allem als entwicklungsgeschichtliches Dokument von Interesse ist, künstlerisch ist es belanglos. Der Satz, mit dem Stifter eine Charakteristik seines Helden abschließt, gilt sinngemäß auch für seine Erzählung: »So geschichtet und gemischt liegt das Materiale, woraus der künftige Mann werden soll« (15). Rückblickend läßt sich die Individualität des Dichters nur in der Auswahl dieses Materials erkennen, in Sprache, Handlung, Figurenentwurf ist er noch ängstlich seinen literarischen Vorbildern verpflichtet. Enzinger hat Bezüge und Parallelen nach beiden Richtungen – zu den Modellen, wie zu Stifters eigenem späteren Werk – bestimmt und aufgezählt. Wesentliche Elemente, aus denen er allmählich seine strenge Kunst gewann, waren die Trivialliteratur spätromantischer Almanachnovellistik und Vorstellungen der klassisch-idealistischen Ästhetik (die Namen des Freundespaares seiner Erzählung, Raphael und Julius, entlehnt er Schillers »Philosophischen Briefen«).

Die Handlung – soweit sie reicht – ist »klassischer« Trivialroman, versetzt mit autobiographischen Zügen. Julius, wie sein Autor ein Landschaftsmaler mit abgebrochenem Jura-Studium und vielseitigen Interessen, liebt die Tochter eines reichen Freiherrn, sieht aber im Standesunterschied ein unüberwindliches Hindernis für ihre Vereinigung (»Wer bin ich aber, daß ich meinen Arm ausstrecke nach dem Diamant des Landes?« [1965, 19]). Ob es gut oder schlecht hätte ausgehen sollen, darüber hat man viel spekuliert und mit abenteuerlichen Argumenten gestritten, dunkle Erinnerungen des Helden, der ein Findling ist, lassen aber vermuten, daß am Ende mit der Entdeckung seiner hohen Abkunft das Problem Standesunterschied aus dem Weg geräumt gewesen wäre, leichter als im Leben. Wer bin ich aber, daß ich um die Tochter des reichen Kaufmanns werben könnte, heißt die naheliegende Rückübersetzung in die Biographie, die man mißversteht, wenn man sie für eine Erklärung hält. Denn die Beziehung zu Fanny ließ den Wunsch nach dem sozialen Aufstieg nicht neu entstehen, sie aktualisierte und verschärfte ihn nur.

Literatur:

»*Julius*«. Eine Erzählung. Erstausgabe nach der Handschrift. Hrsg. von Franz Hüller. Augsburg 1950
»*Julius*«. Eine Erzählung. Textkritische Edition und Nachwort von K. G. Fischer. Linz 1965 (Schriftenreihe 22)

Enzinger, Moriz: Adalbert Stifters Erstlingserzählung »Julius«. In: Vj. 3 (1954), S. 86–101; Wiederabgedruckt in: *M. E.*, Gesammelte Aufsätze zu A. S. Wien 1967, S. 85–109
Petrikovits, Gerda von: Zu Adalbert Stifters Frühwerk »Julius«. In: Vj. 7 (1958), F. 3/4, S. 55–64
Roedl, Urban: Zur Datierung des »Julius«-Fragmentes. In: Vj. 11 (1962), S. 29–30

b) »Der Waldgänger« – »Prokopus«

»Der Waldgänger« und »Prokopus« sind die beiden einzigen in der »Studien«-Zeit entstandenen größeren Erzählungen, die Stifter weder in die »Studien« noch in die »Bunten Steine« aufgenommen hat (erschienen sind sie 1846 bzw. 1848 in der ›Iris‹), obwohl ihm jedenfalls »Der Waldgänger« sehr am Herzen lag. Vielleicht hat ihn die negative Reaktion der Kritiker abgeschreckt, die meinten, daß darin die Eigentümlichkeiten des Stifterschen Erzählens – Ausufern von Beschreibung und die auf ein Minimum reduzierte Handlung – das für den Leser zumutbare Maß überschritten hätten.

Der Waldgänger ist eine schwermütige Dichtung über die Einsamkeit, über die freudlose Gleichförmigkeit eines Menschenlebens, das Altwerden, den Verlust von Jugend-Hoffnungen »(Wie war seit jenen Jahren Alles anders geworden! Jedes Ungeheure und Außerordentliche, welches sich in der Zukunft des Wanderers vorgespiegelt hatte, war nicht eingetreten, jedes Gewöhnliche, was er von seiner Seele und seinem Leben ferne halten wollte, war gekommen« (SW XIII/1, 45). Sie erzählt von dem menschenscheuen Einzelgänger Georg (dem »Waldgänger«), der als Kind schon ein Greis war und als Greis sich an die Liebe eines Kindes klammert, bis dieses Kind, wie es der Lauf der Welt ist, ihn verläßt und seine eigenen Wege geht. Dazwischen liegt die Einsamkeit zu zweit, die Ehe mit Corona, einer ebenso einsamen und verschlossenen Frau, die kinderlos bleibt und deshalb auf ihren Wunsch geschieden wird, weil sie einer solchen Ehe die Existenzberechtigung abstreitet. Am Ende steht die Einsicht, daß das Opfer vergeblich, die Scheidung falsch war: »Die zwei Menschen, die sich einmal geirrt hatten, hätten die Kinderfreude opfernd, sich an der Wärme ihrer Herzen haltend Glück geben und Glück nehmen sollen bis an das Grab« (SW XIII/1, 150).

Über die Traurigkeit der Geschichte tröstet nichts hinweg, vielleicht der Hauptgrund dafür, daß sie nie recht populär geworden ist, mehr Grund jedenfalls als die formalen Mängel oder was man dafür hält. Ein zeitgenössischer Kritiker vermißt denn auch »den Hauch der sittlichen Gesinnung, der [sonst] in seinen Novellen wehte« (Enzinger 1968, Nr. 72, 90). Es gibt auch im »Waldgänger« die vorbildlichen Beschäftigungen der Stifterschen Menschen wie Häuserbauen und Einrichten, Garten anlegen und Gemüse pflanzen, aber mehr als freudlose, zwanghaft wirkende Pflichterfüllung, denn als Beispiel für ein erfülltes Leben. Corona ist reinlich wie alle Stifterschen Frauen, aber diese Reinlichkeit wirkt schon pathologisch und daß ihr die Küche ein Tempel ist, zeigt seelische Verkümmerung, nicht Reichtum an.

Stern nennt den »Waldgänger«, der in der Forschung nur wenig beachtet und gewürdigt worden ist, Stifters »finest Novelle«, »because it achieves a perfect balance between the two traits characteristic of his narrative art, the idyllic and the tragic« (Stern 1964, 280).

Auch die historische Erzählung *Prokopus* spricht von »verlorenen Illusionen«. »Das versprochene Glück ist nicht gekommen« (SW XIII, 1, 203), heißt es zu Beginn des zweiten Kapitels – das Glück nämlich, das Prokopus, Sterndeuter und Gelehrter aus dem »Narrenburg«-Geschlecht derer von Scharnast, sich von seiner Ehe mit Gertraud von der Staue erhofft hatte. »Das Weib erträgt den Himmel nicht«, wie es schon im »Condor« heißt. Gertraud kann den geistigen Höhenflügen ihres Mannes nicht folgen. Sie sind ihr fremd, unheimlich, ja zuwider: »Gertraud war eine tiefe stille Natur, der Alles klar, unverworren und eben sein mußte, sonst machte es ihr Pein. Sie klärte und ebnete daher Alles, daß es blank und rein und übersichtlich dalag – und was sie nicht gewältigen konnte, stellte sie außer ihren Kreis, daß es garnicht da war« (SW XIII, 1, 212 f.). Weil sie ihre Gefühle nicht äußern kann, gleichsam seelisch stumm ist, kommt es zu keiner Kommunikation zwischen den Eheleuten. Sie leben beide unglücklich als Fremde nebeneinander her. Die in der Sekundärliteratur verbreitete Anwendung – Amalia, deren Briefe stets von Rechtschreibefehlern wimmelten, als das Weib, das den Himmel nicht erträgt – schließt zu kurz. Stifter hat sich in Prokopus und Gertraud gleichsam gespalten. Ihren Zwang zur Verdrängung und Harmonisierung haben seine Bekannten an ihm bemerkt: »Alles Verworrene und Verwirrende war ihm verhaßt; er wollte das Walten des Sittengesetzes sehen, und wo er es nicht zu erblicken vermochte, wandte er am liebsten den Blick ganz ab« (Aprent 1955, 78). Die künstlerische Problematik des »Prokopus« scheint aus diesem »Zurückschrecken vor der Erscheinung der Unvollkommenheit unseres Wesens« (Ranzoni, zit. Fischer Dokumente 1962, 197) abzuleiten. Stifter hat sich gescheut, die in der Psychologie der Figuren gründende Problematik im »Prokopus« auch erzählerisch zu entfalten, wie es etwa in Jean Pauls thematisch verwandtem Roman »Siebenkäs« geschieht. Er stellt sie fest, mehr nicht. Deswegen hört die Erzählung auf, nachdem sie gewissermaßen gerade erst angefangen hat, so daß sich die Leser mit gewissem Recht um sie betrogen fühlen konnten. Auf das sehr langatmige Genrebild der Einleitung (S. 153–203 der SW) folgen nur noch zwei kurze bzw. sehr kurze Kapitel nach (203–221, 222–225). »Welche ein Exordium«, stöhnt ein Kritiker, »man gelangt nicht von der Stelle und auf einmal kommt die Abzehrung; alles schrumpft zur größten Magerkeit zusammen, und wo die Fülle des Lebens hätte beginnen sollen, siecht die Dichtung greisenhaft zu Ende« (Enzinger 1968, Nr. 109, 120 f.). Problematisch ist schließlich auch das Mißverhältnis zwischen historisierender Einkleidung und modernem psychologischem Gehalt einer Eheproblematik, mit dem Stifter wohl »zeitgemäßer« war, als in den meisten seiner anderen Dichtungen.

Literatur:

»*Der Waldgänger*«. In: Iris. Deutscher Almanach für 1847. Neue Folge. Jg. 1, Pest 1847
SW XIII/1 (Graz 1958)
W Bd. 9
Rehm, Walther: Stifters Erzählung »Der Waldgänger« als Dichtung der Reue. In: Symposion 4 (1955), S. 349–366; Wiederabgedruckt in: W. R., Begegnungen und Probleme. Studien zur deutschen Literaturgeschichte. Bern 1957, S. 317–345
Weiss, Walter: Adalbert Stifters »Waldgänger«. Sinngefüge, Bau, Bildwelt, Sprache. In: Sprachkunst als Weltgestaltung. Festschrift für H. Seidler. Hrsg. von Adolf Haslinger. Salzburg 1966, S. 349–371
Hunter, Rosemarie: Wald, Haus und Wasser, Moos und Schmetterling. Zu den Zentralsymbolen in Stifters Erzählung »Der Waldgänger«. In: Vj. 24 (1975), F. 1/2, S. 23–36

»*Prokopus*«. In: Iris. Deutscher Almanach für 1848. Neue Folge, Jg. 2, Pest 1848
SW XIII/1
Kerkhoff, Emmy L.: Strukturen von Gegenständlichkeiten sinnlicher Art in Adalbert Stifters »Prokopus«. In: E. K., Kleine deutsche Stilistik. Bern, München 1967, S. 73–83

c) »*Nachkommenschaften*«

Die *Nachkommenschaften* (1865 in der Familienzeitschrift ›Der Heimgarten‹ erschienen) behandeln mit dem problematischen Verhältnis von Kunst und Leben, Kunst und Nutzen noch einmal ein zentrales Thema der »Studien«-Zeit. Ein Maler wird dazu gebracht (und bringt sich selbst dazu), die Malerei aufzugeben und in die Grenzen der Bürgerlichkeit zurückzukehren. Am Ende treten Liebe und Familie für die Kunst ein. Die gemessen heiter als Komödienheilung eines freilich ernst zu nehmenden Narren erzählte Geschichte endet mit einer jener für das Alterswerk typischen Verwandtenheiraten. Die Heilung – die Absage an die Kunst – wird mehrfach begründet: aus dem »Wesen der Dinge«, nämlich aus der Nachahmungsästhetik des Malers, sittlich, historisch-pragmatisch, und psychologisch. Die Motivationen aus verschiedenen Richtungen sind wohl ein Hauptgrund für die stilistischen und perspektivischen Brüche der Erzählung, die Aspetsberger allgemeiner daraus erklärt, daß es Stifter nicht gelungen sei, »den Künstler Friedrich Roderer (der Held der »Nachkommenschaften«) und das, was aus ihm wird, das der Kunst absagende Familienmitglied Friedrich Roderer, in ein einheitliches Ich, in die Identität zu führen, die ihm [...] die Familie bieten soll« (1975, 244). Trotz (und wegen) dieser formalen Schwächen ist die Erzählung als Reflexion Stifters auf die subjektiven und objektiven Bedingungen des eigenen Kunstschaffens von besonderem Interesse. Der »Realidealismus«, den Stifter in den »Studien« (und anderswo) programmatisch gegen eine romantisch-subjektive Form der Weltaneignung setzt, steht nun seinerseits in Frage.

Zu Beginn der Erzählung hat sich der junge Maler Friedrich Roderer ganz der Kunst verschrieben, für sein ganzes Leben, wie er meint. Sein unbedingtes Streben richtet sich auf die Darstellung der »wirklichen Wirklichkeit«, eine Fügung, die zum einen die Forderung nach Objektivität emphatisch verstärkt, zum andern (um von der bloßen Wirklichkeit zu unterscheiden) eine dieser Wirklichkeit immanente Idee, ihren göttlichen und damit poetischen Sinn postuliert: »In der Welt und ihren Theilen ist die größte dichterische Fülle und die herzergreifendste Gewalt« (SW XIII, 2, 272). Gleichsam als Probe aufs Exempel wählt er, um »den Dingen ihr Wesen abzujagen, ihre Tiefe zu erschöpfen«, den »ernsten, schwierigen und unbedeutenden« Gegenstand einer Moorlandschaft aus. Monatelang malt er an einem riesigen Ölgemälde, von einem Blockhaus aus, das er eigens zu diesem Zweck am Rande des Moors hat errichten lassen: »Ich wollte nämlich [...] die wirkliche Wirklichkeit und dazu die wirkliche Darstellung derselben immer neben mir haben« (SW XIII, 2, 271). Schließlich muß er sich sein Scheitern eingestehen: »Mein großes Bild [...] kann die Düsterkeit, die Einfachheit und Erhabenheit des Moores nicht darstellen« (SW XIII, 2, 300). Er verbrennt sein Bild, gibt die Malerei auf und sichert durch die Heirat mit der schönen Susanna Roderer, einer weitläufigen Verwandten, den Fortbestand des Roderer-Geschlechts. Während Friedrich Roderer noch an seinem Moorbild malt, arbeitet Susannas Vater, der reiche Unternehmer Peter Roderer, schon daran, ihm seinen Gegenstand auch objektiv zu entziehen, indem er das Moor zur Gewinnung von Ackerland trocken legen läßt. Mit dem ungesunden, gefährlichen Moor wird (noch einmal) programmatisch das als Lebensgefährdung erkannte romantische Künstlertum abgeschafft, das sich auch noch mit der Subjekt-verleugnenden Ästhetik einer

Darstellung »wirklicher Wirklichkeit« verbindet. Die geschichtsphilosophische Auslegung dieser Parabel vom Ende der Kunst im Sinne der Hegelschen Ästhetik liegt nahe. Stifter selbst widerspricht ihr jedenfalls teilweise durch den Versuch, die beschriebene Entwicklung aus der »Natur des Menschen« ahistorisch abzuleiten. Der Lebensweg Friedrich Roderers »von der Kunst zum Nutzen« ist der aller Roderer. Der Name, der auf das Roden und Urbarmachen als die natürliche und ursprüngliche Tätigkeit und Bestimmung des Menschen hinweist, steht halballegorisch für das Menschengeschlecht. Mit der als Entwicklungsprozeß gedachten Rückführung zu diesen Ursprüngen wird Geschichte als Entfaltung von Subjektivität tendenziell aufgehoben.

»Ich bin am Ende selbst ein Roderer« (20. 10. 1863; SW XX, 147), schrieb Stifter während der Arbeit an den »Nachkommenschaften« seiner Frau. Die autobiographischen Züge der Geschichte liegen auf der Hand, im wörtlichen wie im übertragenen Sinne. Stifter selbst war ein gescheiterter Landschaftsmaler, der an seinen Bildern oft unendlich lange malte und die Ergebnisse dann schließlich verbrannte, weil sie ihn nicht zufrieden stellten. Die Erfahrung der immer neuen Niederlage faßt der einmalige Größenwahn Friedrich Roderers gleichsam als Summe zusammen. Diese zunächst subjektive Problematik objektiviert Stifter in den »Nachkommenschaften« zur Problematik künstlerischen Schaffens überhaupt, denn er begründet ja seines Helden Absage an die Kunst nicht aus seinem Unvermögen, sondern aus seinem Anspruch, Darstellung der »wirklichen Wirklichkeit«. Darin steckt ein apologetisches und ein selbstironisches Moment. Apologetisch ist die Behauptung der objektiven Notwendigkeit des Scheiterns, selbstironisch die Reflexion auf die Aporien einer Ästhetik, die auf tautologische Verdoppelung zielt. Weil Stifter einen der Erscheinungswelt immanenten Sinn postuliert, kann er die Leistung des Künstlers nur als passive Einfühlung und Versenkung in seinen Gegenstand und als Arbeitsaufwand definieren und zu einer positiven Bestimmung von Kunst gegenüber der Größe Wirklichkeit nicht mehr kommen. Gleich einleitend führt der Erzähler komisch Klage über die zeitgenössische Massenproduktion solch defizienter Verdoppelung von Wirklichkeit. Daß die Kunst eine Mangelkrankheit ist, darauf hat Stifter durch die Verknüpfung von Kunstverzicht und Liebeserfüllung hingewiesen. Deshalb handeln die »Nachkommenschaften« nicht nur vom notwendigen oder wünschenswerten oder unvermeidlichen Ende der Kunst sondern auch davon, warum sie – zum Beispiel mit der vorliegenden Erzählung – weiter dauert.

Literatur:

»*Nachkommenschaften*«. In: Der Heimgarten. Haus- und Familienblatt. Hrsg. von Dr. Hermann Schmidt. München 1864, 1. Jg., Nr. 6–8
SW XIII/2
W Bd. 9

Müller, Joachim: Stifters Humor. Zur Struktur der Erzählungen »Der Waldsteig« und »Nachkommenschaften«. In: Vj. 11 (1962), F. 1/2, S. 1–20
Polheim, Karl Konrad: Die wirkliche Wirklichkeit. Adalbert Stifters »Nachkommenschaften« und das Problem seiner Kunstanschauung. In: Festschrift für B. v. Wiese. Berlin 1973, S. 385–418
Aspetsberger, Friedbert: Stifters Erzählung »Nachkommenschaften«. In: Sprachkunst 6 (1975), S. 238–260

d) »*Der Waldbrunnen*«

Die späte Erzählung *Der Waldbrunnen* (1866) ist von Stifters schwerer Krankheit und seiner Sehnsucht nach körperlicher und seelischer Heilung gezeichnet. Die fiktionale Einkleidung der aus Handlungselementen früherer Dichtungen zusammengesetzten Geschichte verhüllt nur notdürftig ihren Wunschtraum-Charakter. Zur distanzierenden Erfindung hat wohl die Kraft, vielleicht auch der Wille gefehlt.

Ein alter Mann, Stephan Heilkun, der Gesundheit und Fröhlichkeit in einem unbefriedigenden Amts- und Eheleben verloren hat, fährt viele Jahre lang jeden Sommer mit seinen beiden Enkeln in ein Waldhaus im Gebirge, um dort durch die reine Luft und das klare Wasser eines Waldbrunnens Heilung zu finden. In dieser Landschaft hat Stifter seinen eigenen Erholungsort, die Gegend um die Ortschaft Lackenhäuser im Bayrischen Wald, beschrieben. In dieser Zeit unterrichtet und domestiziert er ein braunes Mädchen, eine Zigeunerin und wird endlich von ihr zum erstenmal in seinem Leben um seiner selbst willen geliebt. In der »Bunte Steine«-Erzählung »Katzensilber« war ein ähnlicher Erziehungsversuch an einem braunen Mädchen mißlungen. Daß der »Bildungsroman« im »Waldbrunnen« eigentlich eine verschleierte Liebesgeschichte ist, wird dem Leser vor allem aus der Rahmeneinleitung deutlich, in der ein Ich-Erzähler mit fast schmerzlicher Ergriffenheit die beiden schönsten

Frauen zu beschreiben sucht, die ihm im Leben begegnet sind. Beide waren Zigeunerinnen (die eine das erwachsene braune »Waldbrunnen«-Mädchen), die für Stifter wie für seine Zeitgenossen als Synthese zwischen dem klassisch und dem romantisch Schönen weibliche Schönheit in ihrer Vollkommenheit verkörperten. Bezeichnenderweise muß er (d. h. der Erzähler) die Eifersucht seiner Frau besänftigen, die ihm schließlich verzeiht, »daß du unter Zigeunern und Malaien schönere Gestalten findest, als deine Frau ist« (SW XIII, 2, 311). Trotz dieser Beschwichtigung: die ersten Seiten der Erzählung, um derentwillen sie wohl vor allem geschrieben wurde, sind die offene Liebeserklärung des Bürgers Stifter an eine Poesie, deren Schönheit gleichsam jenseits von Gut und Böse, amoralisch ist. Ihre behauptete Moralisierung im »Waldbrunnen« ist ein Widerspruch in sich. Ein braunes Mädchen, das seine poetischen Naturlaute zu Goethe-Versen veredelt (auch wenn dabei Zeilen ihres literarischen Vorbilds Mignon sind), das vom Natur- zum Kunstschönen gebildet worden ist, hat seine Identität verloren. Deshalb ist das Fehlschlagen des Erziehungsversuches im »Katzensilber« auch wahrer. Die Problematik einer Identifikation von Ethik und Ästhetik, um die sich Stifter sein Schaffen lang bemüht hat, wird im »Waldbrunnen« besonders deutlich (ein anderes charakteristisches, viel früher liegendes Beispiel ist die »Studien«-Erzählung »Brigitta«).

Literatur:

»Der Waldbrunnen«. In: Düsseldorfer Künstleralbum. Hrsg. von Dr. Wolfgang Müller von Königswinter. 16. Jg. Düsseldorf 1866
W XIII/2
W Bd. 9
Hunter-Lougheed, Rosemarie: Waldschlange und Lerche im »Waldbrunnen«. Zu Tiervergleich und Tiersymbol bei Stifter. In: Seminar. A Journal of Germanic Studies 13 (1977), S. 99–110

e) »Der Kuß von Sentze« – »Der fromme Spruch«

Die beiden Erzählungen *Der Kuß von Sentze* und *Der fromme Spruch* sind gleichsam Nebenprodukte der Arbeit am historischen Roman »Witiko« und in Form und Inhalt von ihr gezeichnet. Stifter verfolgt sein genealogisches Interesse darin in die umgekehrte Richtung: geht es im »Witiko« um die Gründung eines Geschlechts, wird hier (wie auch in den »Nachkommenschaften«) der gefährdete Fortbestand einer alten Familie durch die Verwandtenheirat der beiden letzten Nachkommen gesichert. Die Stilisierung der Sprache ins Archaische und die aus dem Studium der mittelalterlichen Chroniken und Genealogien abgefallenen Ruf- und Geschlechtsnamen der Figuren geben beiden Erzählungen etwas merkwürdig Altdeutsch-Antiquiertes, das mit der Datierung in Stifters Gegenwart bzw. unmittelbare Vergangenheit kontrastiert. »Der Kuß von Sentze« spielt um 1848, »Der fromme Spruch« beginnt am Morgen des 24. April 1860. Beide Geschichten behandeln auf sehr wenig komödienhafte Weise einen Komödienstoff, der »Fromme Spruch« greift das zentrale Motiv von Goethes Novelle »Der Mann von fünfzig Jahren« auf. Die dem glücklichen Heirats-Ende jeweils vorausgehenden Irrtümer, Verwechslungen, Mißverständnisse sind eingebunden in die Strenge einer ästhetischen und sittlichen Ordnung, die die erzählten Inhalte überformt und gleichsam selbst zum Inhalt wird — Komödie als Zeremoniell. Die Figuren erscheinen als Figurationen eines symmetrisch-antithetischen Grundmusters, das auf das Ziel der Aufhebung getrennter Identitäten in einer übergreifenden Einheit angelegt ist. Im »Kuß von Sentze« gibt Stifter dieses Muster in den drei nebeneinander gelegenen Besitztümern vor, die alle Sentze heißen: eines ist weiß, das zweite rot, das mittlere gestreift. Die sittliche Einheit, in der die Figuren aufgehoben werden und zugleich Rahmen, in dem sie sich bewegen, ist das Gebilde der Familie. Den vom Verfasser intendierten Sinn beschreibt Aspetsberger für den »Frommen Spruch« wie folgt (Entsprechendes gilt mit Modifikationen auch für den »Kuß von Sentze«):

»Im ›Frommen Spruch‹ gibt Stifter ein Bild sorglosen Lebens, in dem Verwicklungen und Schwierigkeiten sich in einer vorgegebenen Struktur, dem guten Kern der Personen als innere Voraussetzung und dem Geschlecht bzw. der Familie als Garant und geschlossene äußere Erfüllungsform dieses Kerns, gleichsam von selbst auf das richtige Dasein hin korrigieren und sinnvolle Einheit des Lebens [...] sich irdisch herstellt« (1975, 238).

Von Anfang an hat das problematische Verhältnis von Form und Gehalt die Rezeption und die Diskussion beider Erzählungen bestimmt. Die extreme Formalisierung, die im historischen Roman motiviert und deshalb auch grundsätzlich akzeptiert werden konnte, stieß bei zeitgenössischen Stoffen auf Unverständnis und Ratlosigkeit. Das ist zum Beispiel dem folgenden Urteil des Herausgebers G. Wilhelm bei allem pflichtgemäßen

Wohlwollen doch sehr deutlich anzumerken: »Der ›Kuß vor Sentze‹ steht an Gehalt hinter manchen Erzählungen Stifter zurück, ist aber doch eine köstliche Frucht seiner Altersdichtung« (SW XIII/1; LXXXII). Beim »Frommen Spruch«, in dem die Formalisierung noch weiter getrieben ist, meldet selbst er schwere Bedenken an.

»Der Kuß von Sentze«, ursprünglich für den Sammelband »Buch der Welt« bestimmt, wurde von dessen Stuttgarter Verleger Carl Hoffmann abgelehnt (ein begründender Brief ist nicht überliefert) und erschien dann 1866 in der ›Gartenlaube für Österreich‹. Das Honorar ist der Herausgeber Leopold von Sacher-Masoch dem Verfasser offenbar schuldig geblieben.

Den »Frommen Spruch« hat Stifter für die in Aachen herausgegebene Zeitschrift ›Katholische Welt‹ geschrieben. Ihr Redakteur Leo Tepe lehnte in einem Brief vom 17. Oktober 1867 die Veröffentlichung ab, gestützt auf das Urteil mehrerer Männer, »die einen anerkannten schriftstellerischen Ruf besitzen«. »Das dürfen Sie nicht drucken«, sagte man mir, »Sie schaden dem Verfasser, den wir durch seine früheren vortrefflichen Arbeiten so lieb gewonnen ...« (zit. Fischer Dokumente 1962, 657). Die wichtigsten Einwände dieser Fachleute:
»Die Erzählung ist unnatürlich; solche steifen Personen gibt es nicht, ihre Reden sind alle wie auf Schrauben gestellt; die alltäglichsten Dinge sind in endloser Breitspurigkeit vorgeführt; die Handlung ist fast null, der Stil ist gezwungen und voll Wiederholungen; man glaubt kaum, daß es dem Verfasser ernst ist, und man ist manchmal geneigt, das Ganze für eine Karikatur der aristokratischen Familien zu halten« (zit. Fischer Dokumente 1962, 657). Der gegen Kritik sonst so empfindliche Stifter hat sich gegen diese Vorwürfe in seinem Antwortbrief ungemein freundlich und gelassen verteidigt. Er stand darüber, wenn er auch mit dem Hinweis auf andere verkannte Meisterwerke (»Mozarts Don Juan, Göthes Iphigenie in der letzten Fassung«) den »Frommen Spruch« zweifellos überschätzt hat. Seine wie unschuldige Verwunderung über die Verständnislosigkeit der Kritiker läßt erkennen, wie sehr ihm sein Dichten zum Selbstgespräch geworden war. »Es sollte allerdings die Lächerlichkeit nicht des hohen Adels, dessen Benehmen bei uns durchgängig leicht und fein ist, sondern gewisser Leute auf dem Lande mit veralteten Formen nicht gerade satirisch sondern scherzend dargestellt werden, diese Leute sollten aber doch gut und ehrenwerth sein«, erklärt er zur beunruhigenden Vermutung,

das Ganze sei möglicherweise als Satire auf den Adel geschrieben, und zum Hauptgedanken der Erzählung: »In den zwei jungen Herzen sollte Hochsinn, Stolz, selbst Hochmut einem tiefen Gefühle nicht erlauben, den ersten auch noch so leisen Schritt zu tun, doch sollte das Gefühl überall durchdämmern, was dem Ganzen einen sanften Duft geben sollte, bis die Torheit der zwei alten Herzen, sich selber für die geliebten Gegenstände zu halten, das Gefühl hervor strömen macht, und den Stolz beider zugleich bricht« (31. 10. 67; SW XXII, 160).

»Der fromme Spruch« ist zu Stifters Lebzeiten nicht mehr erschienen. Bevor Aprent ihn 1869 veröffentlichte, hat er das von Stifter korrigierte Druckmanuskript (eine Abschrift von fremder Hand) so weitgehend geändert, daß man schon von einer Bearbeitung sprechen kann. Er versuchte dabei, die von Tepes Fachleuten bemängelten Fehler ins Normale und Natürliche zu korrigieren, ein ohnehin aussichtsloses Unterfangen, und darüber hinaus jedes Steinchen politischen oder moralischen Anstoßes zu entfernen. Der zweiteilige Band XIII der Prager Stifterausgabe, der erstmals den ursprünglichen Text abdruckt, ist erst 1958–60 erschienen, allerdings ohne den im Krieg verloren gegangenen textkritischen Apparat. Bettina Frey hat ihn in der Vierteljahrsschrift 1970 nachgeliefert, Christian Winkler ebenda Aprents Eingriffe dokumentiert.

Form und Gehalt des »Frommen Spruchs« treten im Urteil der Leser und im Selbstverständnis des Autors auf seltsame Weise auseinander (die gleiche Diskrepanz kann man auch für den »Kuß von Sentze« annehmen, zu dem es keine vergleichbare Äußerung Stifters gibt). Wo Stifter seelische Fülle ausdrücken will, sieht der Leser nur leeres Zeremoniell, wo dieser die Befreiung verschlossener Gefühle gestalten wird, sieht jener die Fessel der Form. Wie in anderen späten Dichtungen hat sich Stifter auch in dieser Erzählung darum bemüht, etwas von der verlorenen bzw. aufgegebenen Spontaneität der Anfänge zurückzugewinnen, aber die Formen, die er zur Objektivierung von Subjektivität ausgebildet hatte, lassen ihn nicht mehr frei, widerlegen seinen erklärten Wirkungswillen. Die veralteten Formen, eine selbstparodistische Übersteigerung der Umgangsrituale in seinem Werk, sind eben nur scherzend (wie es in seinem Brief heißt) und nicht satirisch, affirmativ, nicht kritisch dargestellt.

Mit dem befreiten Gefühl beschwört Stifter im »Frommen Spruch« einen spezifisch bürgerlichen Wert, im Zeremoniell hat er an seinen Träumen vom sozialen Aufstieg zur Heimat dieses Zeremoniells – die gute und beste Gesellschaft – festgehalten. Schon in den vor der Revolution entstandenen *Wiener Salonszenen* aus »Wien und die Wiener« findet sich diese Spannung. Stifter beschreibt darin die Umgangsformen des Adels als »eine Art Ceremonie, die sie abthun, eine Höflichkeit, wie man zum Gruße den Hut lüftet, ein Herkömmliches, das eben geschieht, weil es sonst geschehen« (SW XV, 241). Das ist bürgerliche Kritik, zugleich aber ist Stifter schon damals, vor der Revolution, fasziniert von der Ästhetik des Zeremoniells und der zur Natur gewordenen Kunst der Formen: »Das Benehmen aller dieser Menschen war gelassen und harmonirend, war frei und präzis« (SW XV, 240), und er stellt Reflexionen an darüber, ob nicht das, was dem Betrachter als Leere erscheint, in Wahrheit seelischen Reichtum und sittlichen Wert objektiv ausdrücke. Das hat er in seinen späten Erzählungen den Lesern vermitteln wollen, denen es mit ihnen so gegangen ist, wie Stifter seinerzeit in den Wiener Salons – sie haben nur die leeren Formen sehen können.

Politisch herrscht in beiden Erzählungen Restauration. Im »Kuß von Sentze«, dessen Held auf der Regierungsseite gegen die Aufständischen kämpft, ist die Botschaft der Restauration thematisiert. Stifter legt ihm eigene politische nachrevolutionäre Bekenntnisse als wörtliches Zitat in den Mund.

Literatur:

»Der Kuß von Sentze«. In: Gartenlaube für Oesterreich. Hrsg. von J. A. Siegel. Graz 1966, Jg. 1, Nr. 5–8
SW XIII/2 (Graz 1960)
W Bd. 9
Enzinger, Moriz: Zu Adalbert Stifters Erzählung »Der Kuß von Sentze«. In: Österreichische Akademie der Wissenschaften. Phil. hist. Klasse, Anzeigen 88 (1951), S. 374–387; Wiederabgedruckt in: M. E., Gesammelte Aufsätze zu A. S. Wien 1967, S. 219–234

»Der fromme Spruch«. Von Joh. Aprent bearbeitete Fassung in: A. St., Erzählungen Bd. 2. Hrsg. von J. Aprent. Pest 1869
SW XIII/2 (Graz 1960)
W Bd. 9
»Der fromme Spruch«. In der ersten Fassung zum ersten Mal herausgegeben von *K. G. Fischer.* Frankfurt 1962

Oertel-Sjögren, Christine: Stifters Erzählung: Der fromme Spruch. In: Monatshefte für den deutschen Unterricht 42 (1950), S. 231–236
Frischenschlager, Ruthilde: Über Editionsschwierigkeiten des »Frommen Spruches«. In: Vj. 19 (1960), S. 11–22

Enzinger, Moriz: Zu Johann Aprents Ausgabe von Stifters »Frommem Spruch«. In: *M. E.,* Gesammelte Aufsätze zu A. S. Wien 1967, S. 23 f.
Frey, Bettina: Die Änderungen Stifters im Manuskript B der Erzählung »Der fromme Spruch«. In: Vj. 19 (1970), S. 23–86
Winkler, Christian: Die Änderungen Johann Aprents in Stifters »Frommem Spruch«. In: Vj. 19 (1970), S. 87–117

Zum Spätwerk:

Müller, Joachim: Stifters späte Erzählungen. In: Vj. 9 (1960), F. 3/4, S. 79–83
Maschek, Ingeborg: Stifters Alterserzählungen. Eine Stiluntersuchung. Diss. Wien 1961
Böhler, Michael: Die Individualität in Stifters Spätstil. Ein ästhetisches Problem. In: DVjs. 43 (1969), S. 652–689
Arts, Eva: Studien zur Erzählkunst Adalbert Stifters. Der Aufbau der vier späten Erzählungen. Wien 1972

f) Kleinere Erzählungen und Parabeln

Im Laufe seines Schaffens hat Stifter einige kurze Beispielerzählungen als Gelegenheitsarbeiten für Zeitschriften, Volkskalender und zu besonderen Anlässen zusammengestellten Alben geschrieben: »Der späte Pfennig« (1843), »Die Barmherzigkeit« (1843), »Zuversicht« (1846), »Der Tod einer Jungfrau« (1847), »Menschliches Gut« (1854), »Zwei Wittwen« (1862). Das sind – vor allem wohl nach dem Vorbild der Herderschen »Paramythien« – meist ziemlich schwache sentimentale, moralisierende Parabeln, die auf erbauliche Botschaften hinauslaufen, einen frommen Lebenswandel predigen und die inneren Werte des Menschen über alles irdische Gut stellen. Nur die kurze Novelle *Zuversicht* fügt sich in diese Gruppe nicht ein. Sie behandelt eine düstere Episode aus den Wirren der napoleonischen Kriege, in der ein Sohn zum Vatermörder wird und sich dann selbst »die Stirne zerschmettert«, als Illustration der eingangs vertretenen These von einer in allen Menschen schlummernden »tigerhaften Anlage«, deren Entfaltung äußere Umstände entweder verhindern oder begünstigen könnten. Vor allem das Verhältnis (bzw. Mißverhältnis) von Titel und Inhalt gibt den Interpreten dieser für Stifter sehr untypischen Geschichte Rätsel auf.

Die drei Schmiede ihres Schicksals (1844), eine Erzählung mit lustspielhaften Zügen, steht zwischen den Parabeln und den längeren Erzählungen. Sie problematisiert die Sprichwort-These, auf die im Titel angespielt wird (Jeder ist seines Glückes

Schmied), ist eine Beispielerzählung, der aber die Eindeutigkeit einer Parabel fehlt.

Literatur:

»*Der späte Pfennig*«. Eine Parabel. In: Album aus Österreich ob der Enns. Linz 1843
SW XIII/2
W Bd. 9

»*Die drey Schmiede ihres Schicksals*«. In: Wiener Zeitschrift für Kunst, Literatur, Theater und Mode. Wien 1844, Nr. 1–7
SW XIII/1
W Bd. 9

»*Die Barmherzigkeit*«. In: Wiener Zeitschrift für Kunst, Literatur, Theater und Mode. Wien 1845, Nr. 2
SW XIII/2
W Bd. 9

»*Zuversicht*«. In: Moosrosen. Ein Kranz von Novellen, Erzählungen, Märchen und Gedichten. Wien, Leipzig 1846
SW XIII/2
W Bd. 9
Fischer, K. G.: Versuch der Verständigung. Gedanken und Deutungen im Anschluß an Adalbert Stifters »Zuversicht«. In: Vj. 9 (1960), S. 94–105
Baumann, Gerhart: Adalbert Stifter. Dichter der »Zuversicht«. In: A. S. Studien und Interpretationen. Hrsg. von L. Stiehm. Heidelberg 1968, S. 121–138
Enzinger, Moriz: Adalbert Stifters Erzählung »Zuversicht«. In: Vj. 17 (1968), S. 21–32

»*Der Tod einer Jungfrau*«. Parabel. In: Oesterreichisches Volksblatt für Verstand, Herz und gute Laune. Linz 1847, Jg. 29, Nr. 109
SW XIII/2
W Bd. 9

»*Menschliches Gut*«. In: Österreichisches Frühlingsalbum. Wien 1854
SW XIII/2

»*Zwei Wittwen*«. In: Österreichischer illustrierter katholischer Volkskalender für das Jahr 1860. Jg. 2, Linz 1860
SW XIII/2
W Bd. 9
Fischer, K. G.: Führen und Wachsenlassen. Ein Deutungsversuch von Stifters Erzählung »Zwei Wittwen«. In: Festschrift für Moriz Enzinger zum 70. Geburtstag. Linz 1961 = Vj. 10, F. 3/4, S. 161–169

3.7. Verschiedenes

a) Aus »Wien und die Wiener« – (Feuilletonistische Betrachtungen)

Stifter hat zwanzig Jahre in Wien gelebt, zum literarischen Gegenstand hat er es nur ein einziges Mal in einer Auftragsarbeit gemacht, die seine lebenslange Zusammenarbeit mit dem Verleger Gustav Heckenast einleitete. 1841 übernahm er für ihn die Redaktion eines Sammelbandes über Wien, der 1844 unter dem Titel *Wien und die Wiener in Bildern aus dem Leben* erschienen ist. 12 von den insgesamt 54 Beiträgen hat er selbst verfaßt (aber nicht die beiden Stücke, die ihm Sengle im zweiten Band seiner Biedermeier-Darstellung zuspricht), die übrigen stammen von sieben weiteren Mitarbeitern. Das Stück *Der Tandelmarkt* hat er 1846 in einer bearbeiteten Fassung wiederveröffentlicht, in den Geld- und Produktionsnöten der letzten Lebensjahre dachte er noch einmal an eine umgeschriebene Neuausgabe der ganzen Sammlung: »Sie bekömmt jezt nachgerade geschichtlichen Werth« (25. 6. 1865; SW XX, 326), versuchte er Heckenast das Projekt nahezubringen. Aber die Vorrede, die er dafür schrieb, zeigt, wie fern ihm das alles gerückt war (»Die im alten Wien fröhlich waren, werden die harmlosen Dinge, welche in diesen Blättern folgen, ansehen, wie die ausgebleichte Schleife einer Geliebten, die jezt alt geworden ist, und von der sie nicht einmal wissen, wo sie sich befindet« (SW XV, 376), und über die Umarbeitung des einleitenden »Aussicht und Betrachtungen von der Spitze des St. Stephansturmes« ist er nicht hinausgekommen.

In der Nachfolge und nach dem Muster von Adolf Glaßbrenners erfolgreichen Berliner Skizzen (erschienen von 1832 an unter dem Titel »Berlin, wie es ist – und trinkt«) war Großstadt-Genremalerei zu einer beliebten und einträglichen Gattung geworden (Urbild waren wohl Louis Sebastien Merciers »Tableaux de Paris«). Stifter konnte sich bei der Planung und Abfassung der eigenen Artikel schon auf eine ganze Reihe von Wien-Büchern stützen. Ihre Anschauungsform (auch die von »Wien und die Wiener«) war in der Regel das Panorama: vor die einführende Gesamtansicht der Stadt traten in lockerer, bunter Folge charakteristische Erscheinungen des Volkslebens, Typen, Feste, Vergnügungsorte, Sehenswürdigkeiten usf. Sie sollten den Ortsunkundigen mit der Stadt vertraut machen und Touristen werben. Ihr Ziel sei erreicht, sagt Stifter in seiner

Vorrede, wenn sich der Leser sage: »Das muß doch eine erstaunliche Stadt sein, wir müssen doch auch dieselbe vor unserem Lebensende noch besuchen und besehen« (SW XV, 20). Aus diesem Interesse – und im Unterschied zu Mercier – folgt natürlich, daß ein Buch wie »Wien und die Wiener« die negativen Aspekte der zur Darstellung kommenden Wirklichkeit möglichst verschweigt, auch ohne Einschüchterung durch die Zensur. Wer erfahren will, wie es wirklich im Wien der dreißiger und vierziger Jahre des letzten Jahrhunderts aussah, muß zu einem der Wien-Bücher fremder Reisender greifen.

Stifters Wiener Bilder zeigen, daß er nicht der Genremaler war, für den man ihn manchmal gehalten hat. Das Volksleben war ihm fremd. Die meist mit charakteristischen Dialogszenen verbundenen Schilderungen von Wiener Typen überließ er seinen Mitarbeitern. Seine schwächsten Beiträge sind die Stücke, in denen er von Personen handelt, wie das stark autobiographisch gefärbte *Leben und Haushalt dreier Wienerstudenten*. Der Mensch interessiert ihn in seiner Allgemeinheit, nicht in seiner Besonderheit. In seinen Beschreibungen ist der einzelne aufgehoben im malerisch-impressionistisch wahrgenommenen und moralisch gedeuteten Kollektiv »Menschheit«. Wie programmatisch führt das die *Aussicht vom St. Stephansturm* vor: aus dem erhobenen Standpunkt des Satirikers wird die Stadt zum Abbild von Welt und menschlichem Dasein. Mit seiner Weltanschauungsperspektive hat sich der junge Autor freilich poetisch und philosophisch übernommen. Weil er es so eilig hat, das Individuell-Besondere zu verlassen, bleiben die allgemeinen Betrachtungen meist konventionell und leere Deklamation. Der Versuch einer Sinngebung des Weltganzen bleibt in Widersprüchen stecken. Ein forciert wirkender Fortschrittsglaube – ein Lob der Dampfbahn! – und spätromantischer Fatalismus (immer wieder das Marionettenmotiv) stehen unvermittelt nebeneinander. In Stifters affirmativ gemeinter Darstellung der Regierungsgeschäfte verbinden sich diese Elemente auf eine fast entlarvende Weise. Die »da oben« treiben ihr undurchschaubares Geschäft im Dunkeln der Nacht, während die Untertanen schlafen und nicht wissen, was da über sie beschlossen und verhängt wird: »[...] aber da sind Einige in dieser Stadt, du würdest sie auf der Gasse nicht von den Andern kennen, diese sitzen an dem schweren Arbeitstische; ihnen ist von einem noch Höheren die Formel dieses Treibens und Lebens anvertraut, daß sie sich historisch schön und glückselig entwickle, und nicht jetzt und jetzt in Wirrsal überschlage«

(SW XV, 40). Wie vorbildlich hat dagegen der Mundartdichter Franz Stelzhamer in seinem Artikel »Wiener Stadt-Physiognomie und Wiener Volks-Charakter« das Lob der guten und weisen Regierung gesungen: »Ein Volk, das sich so sorglos der Freude, so unbekümmert dem Genusse des Augenblicks hingibt, kann doch beim Himmel! kein unglückliches sein, und diese Unbekümmerniß und Sorglosigkeit kann nirgendwo anders begründet sein, als im Vertrauen auf die Liebe und Fürsorge von Oben; unter welchem ›Oben‹ ich die irdische Thronhöhe und den Himmel zugleich verstanden wissen will« (Stelzhamer 1844, 169). Zu einer solchen Unwahrheit war Stifter in der Kunst nicht fähig.

Stifter war nach Wien gekommen, um etwas zu werden. Nicht der gleichsam vorweggenommene Blick von Oben, sondern der Blick nach Oben war seine Erfahrungsperspektive. In den *Wiener Salonszenen* erzählt er, wie er in seinem ersten Wiener Winter sehr oft aus dem Dunkeln zu den »im Strahlenglanz wie Diamanten« leuchtenden Fenstern eines vornehmen Hauses aufblickte, während reiche Kutschen zu einer Abendgesellschaft eintrafen und wie er sich dann sehnsüchtig in das ihm verschlossene Paradies wünschte: »wenn ich nur ein Mal, nur ein einziges Mal eine solche Gesellschaft sehen könnte« (SW XV, 239). Er sieht die für diese Gesellschaft bestimmten Luxusprodukte der »Warenauslagen und Ankündigungen« und kann sich dem sinnlich-ästhetischen Reiz dieser »Warenpoesie des industriellen Zeitalters« (Benjamin) nicht entziehen. Lockend und gefährlich zugleich erscheint die Großstadt als ein Jahrmarkt der Eitelkeit. Die geradezu barocke Vergänglichkeitsbeschwörung des Stückes *Ein Gang durch die Katakomben* ist antithetisch auf diese Erfahrung bezogen. Aus dem Dunkel der unterirdischen Gänge wird der Erzähler in die Welt des schönen Scheins entlassen: »Man zündete eben die Abendlichter an, Gold, Silber, schimmernde Seidenstoffe wurden davon in den strahlenden Kaufbuden beleuchtet – kostbar gekleidete Menschen wimmelten an mir vorüber; glänzende Karossen rollten« (SW XV, 68).

Stifters »Wiener Bilder« sind bisher kaum bzw. nur unzulänglich untersucht worden. Gegenstand und Sprache – ein oft verkrampft wirkender feuilletonistischer Plauderton – lassen sie als etwas ihm eigentlich Wesensfremdes erscheinen. Er selbst weist seine Leser mehrfach darauf hin, »daß ich so glücklich war, meine Kindheit nicht in den Mauern der großen Stadt verlebt zu haben« (SW XV, 238). Aber obwohl das Eigene noch sehr stark in der Konvention gefangen bleibt, bringen sie etwas von der Großstadterfahrung zur Sprache, die aus dem poetischen Werk ausgeschlossen wurde.

Die drei volkstümlich gehaltenen Betrachtungen *Gartenlaube, Weihnacht, Silvesterabend* hat Stifter 1866 für die erste Nummer der ›Gartenlaube für Österreich‹ geschrieben, die beiden letzten in seinem »katarrhalisch-rheumatischen Leiden Nachts im Bette« (SW XXII, 99).

Die »Gartenlaube« isoliert ein Motiv und eine Bewegung, die in Stifters Werk eine zentrale Rolle spielen. Es geht um den dem Menschen als »Naturbetrieb« eingepflanzten Hang zum Nesterbauen, um Schutz zu suchen, um mit sich allein zu sein, um sich von der äußeren Welt abzutrennen: »Es ist das Flüchten von dem Weiten in das Enge und Begrenzte« (SW XV, 288). Mit diesem Satz unter dem Bild einer Gartenlaube ließe sich »Biedermeier« emblematisch abbilden. »Weihnacht« beschwört Kindheitserinnerungen. Der »Silvesterabend« rätselt über das Wunder von Raum und Zeit.

Literatur:

»*Wien und die Wiener in Bildern aus dem Leben*«. Hrsg. von Adalbert Stifter. Mit Beiträgen von Adalbert Stifter, C. E. Langer, C. F. Langer, Nordmann, A. Ritter von Perger, D. F. Reiberstorffer, L. Scheyrer, Franz Stelzhamer, Sylv. Wagner u. a. Pest 1844
Enthält folgende *Beiträge von Stifter:*
1. Aussicht und Beetrachtung von dere Spitze des St. Stephansturmes (1841)
2. Ein Gang durch die Katakomben (1841)
3. Der Prater (1841)
4. Der Streichmacher (1842)
5. Leben und Haushalt dreier Wienerstudenten (1841)
6. Die Wiener Stadtpost (1841)
7. Der Tandelmarkt (1841)
8. Die Charwoche in Wien (1841)
9. Waarenauslagen und Ankündigungen (1841)
10. Wiener Wetter (1843)
11. Ausflüge und Landparthien (1844)
12. Wiener Salonscenen (1843)

»*Der Tandelmarkt*«. (Geänderte Fassung) In: Der Sammler. Wien 1846, Jg. 38, Nr. 1–4
Stifters Beiträge wieder in SW XV und W Bd. 8

Kaderschafka, Karl: Adalbert Stifters »Gang durch die Katakomben« und Johann Nepomuk Vogl. In: Euph. 26 (1925), S. 417–427

Trautmann, René: Die Stadt in der deutschen Erzählkunst des 19. Jahrhunderts (1830–1880). Winterthur 1957; darin: Stifter, S. 71–77
Haacke, Wilmont: Stifter als Meister der kleinen Form. In: Festschrift für Moriz Enzinger. Linz 1961, Vj. 10, F. 3/4, S. 119–131
Hein, Jürgen: Der Erzähler als Satiriker in Stifters »Wien und die Wiener«. In: Vj. 18 (1969), S. 115–119
Riha, Karl: Die Beschreibung der großen Stadt. Zur Entstehung des Großstadtmotivs in der deutschen Literatur. (Ca. 1750–1850) Bad Homburg–Berlin–Zürich 1970, darin: Kunstform der Stadtbeschreibung: Adalbert Stifters »Wien und die Wiener«, S. 87–116

»Die Gartenlaube« – »Weihnacht« – »Der Silvesterabend«. In: Die Gartenlaube für Oesterreich. Hrsg. von I. A. Siegl. 1. Jg., Graz 1866, Nr. 2 (Die Gartenlaube), Nr. 13 (Weihnacht), Nr. 14 (Silvesterabend).

b) *»Die Sonnenfinsterniß am 8. Juli 1842« – »Aus dem bairischen Walde«*

Im autobiographischen Werk »Die Entstehung des Doktor Faustus« spricht Thomas Mann einmal von Stifters »Neigung zum Exzessiven, Elementar-Katastrophalen, Pathologischen [...] wie sie etwa in der unvergeßlichen Schilderung des gewaltigen Dauer-Schneefalls im Bayerischen Wald [...] zum Ausdruck kommt« (Ges. Werke, S. Fischer 1960, Bd. XI, 237 f.). Das »Schnee«-Kapitel in dem Roman »Der Zauberberg« ist durch diese Schilderung angeregt worden.

Zweimal hat Stifter ein katastrophisches Naturereignis in autobiographischen Erlebnisberichten zum selbständigen Erzählgegenstand gemacht. *Aus dem bairischen Walde,* das Stück, auf das sich Thomas Manns Bemerkung bezieht, ist seine letzte abgeschlossene Arbeit. Sie entstand 1867 als Ersatz für die von Leo Tepe schon im voraus honorierte, aber dann abgewiesene Erzählung »Der fromme Spruch«. Die Veröffentlichung (1869) hat Stifter nicht mehr erlebt. Noch ganz am Anfang seines Schaffens steht die Schilderung der *Sonnenfinsterniß am 8. Juli 1842* für Friedrich Witthauers ›Wiener Zeitschrift für Kunst, Literatur, Theater und Mode‹.

Beide Texte sind viel bewundert worden als Glanzstücke Stifterscher Prosa, genauer untersucht hat sie bisher nur Korff. Die folgenden Bemerkungen stützen sich deshalb vor allem auf seine Interpretation. Die »Sonnenfinsterniß« ist ein Schlüsseltext für seine Gesamtdeutung des Stifterschen Werkes, deren

Erlebnis-Strukturen er im Schneefall »aus dem bairischen Walde«, im Eisfall der »Studien«-Mappe und anderswo wiederentdeckt.

Mit dem Naturereignis der Sonnenfinsternis war für den Betrachter ein Erfahrungsmodell und eine moralisch-erbauliche Nutzanwendung vorgegeben. Beides haben andere zeitgenössische Berichte mit Stifters freilich viel sprachgewaltigerer Beschreibung gemeinsam. Die katastrophale Störung der Natur wird nach biblischem Muster als Offenbarung Gottes erlebt. Die Erschütterung durch dieses Gotteserlebnis ist ambivalent, herrlich und furchtbar zugleich – das »Tremendum« und das »Fascinosum« sind die traditionellen Attribute des zornigen und des gnädigen Gottes. Die Offenbarung wird als Mahnung zum gottgefälligen Lebenswandel, als »memento mori« gedeutet. Die Verfinsterung der Sonne, das Fremdwerden der vertrauten Wirklichkeit wird zur Schreckensvision von gottleerer Welt, Weltuntergang, Vernichtung, Tod. Stifter erinnert sich an den Evangelistenbericht vom Tod Jesu (Matth. 27/45 ff.) und an den »Dies Irae« der Offenbarung des Johannes. Am Ende gibt das wiedergeschenkte Licht Anlaß zu dankbaren und frommen Gefühlen, wie sie auch die fünfzig Jahre früher entstandene Angstvision Jean Pauls beschließen, die »Rede des toten Christus vom Weltgebäude herab, daß kein Gott sei«. Korff hat in Jean Pauls Traum das Bildmaterial einer Sonnenfinsternis und in Stifters Beschreibung der Sonnenfinsternis eine Reihe, dem Autor wohl unbewußter Reminiszenzen an Jean Pauls Text entdeckt. Die Form der objektiven Naturbeschreibung, in die Stifter seine Angstvision kleidet, markiert den historischen Abstand der beiden Texte.

Aus Furcht vor der in Linz und Umgebung aufgetretenen Cholera hielt sich Stifter im November 1866 in seinem Ferienort Lackenhäuser im Bayerischen Wald auf. Die Angst und Unruhe, in der er sich befand, wurde noch verstärkt durch die Sorge um eine Erkrankung Amaliens. In diesem Erregungszustand überraschte ihn der Große Schneefall, von dem er in »Aus dem bairischen Wald« dann berichtet hat. Auch in der »weißen Finternis« des Schneefalls erfährt der Erzähler das Fremd- und Wesenloswerden einer geliebten, vertrauten Landschaft, die er als Gegenbild dem Leser im ersten Teil seines Berichts langatmig vorstellt (so hat er seinen Bekannten auch mündlich von seinem Erlebnis erzählt: »so umständlich, daß man nach einer Stunde vor lauter Einleitung und Vorgeschichte noch keine einzige Schneeflocke zu Gesicht bekommen hat« [SW XV,

XXXV]). Dieser Zustand der Verfremdung hielt tagelang an. Die tröstliche Deutung, die der Erzähler auch hier zunächst versucht, versagt: »Was Anfangs furchtbar und großartig erhaben gewesen war, zeigte sich jetzt anders, es war nur mehr furchtbar« (SW XV, 342). Im immer wieder beschworenen Bild vom »weißen Ungeheuer« wird der Schneefall zur Allegorie der das Subjekt beherrschenden Angst. Auch nach seiner Heimkehr hat sich Stifter noch monatelang nicht von dieser Vorstellung befreien können.

Literatur:

»*Die Sonnenfinsterniß am 8. July 1842*«. In: Wiener Zeitschrift für Kunst, Literatur, Theater und Mode. Wien 1842, Nr. 139–141
SW XV
W Bd. 9
Einzelausgabe: Die Sonnenfinsternis am 8. Juli 1842. Mit Beiträgen von Friedrich Witthauer, K. L. von Littrow, Hans Sedlmayr, Hans Eisner. Linz 1962 (Schriftenreihe 18)
siehe dazu *Korff* 1969

»*Aus dem bairischen Walde*«. In: Die katholische Welt. Hrsg. von Leo Tepe. Jg. 3, Aachen 1868

c) Gedichte, literarische Pläne

Die ersten Gedichte Stifters entstanden (von etwa 1823 an) noch in der Schulzeit: »Er machte in Kremsmünster auch immer, meist heimlich, Gedichte« (26. 12. 1867; SW XXII, 176), hat Stifter von sich erzählt. 1824 durfte er zur 1 000-Jahr-Feier des Benediktiner-Stiftes Kremsmünster seine Ode »Das Freudenfest am Trauermahle« öffentlich vortragen. Das lateinische Motto dieses in Hexametern verfaßten Schulgedichtes, das die Gründung Kremsmünsters besingt, hat er später der Erzählung »Die Mappe meines Urgroßvaters« vorangestellt. Eine ganze Reihe von Gedichten entsteht dann um 1830, in der Zeit seiner Liebe zu Fanny Greipl. Ein Manuskript mit bis dahin verschollenen Stifterschen Gedichten (31 Gedichte in Originalhandschrift) aus dem Besitz der Familie Greipl tauchte 1928 wieder auf. Die letzten Datierungen von Stifters eigener Hand stammen aus dem Jahre 1833. 1830 veröffentlichte Stifter einige Gedichte im Linzer ›Österreichischen Bürgerblatt für Verstand, Herz und gute Laune‹ unter dem Pseudonym Ostade, also dem Namen des berühmten holländischen Landschaftsmalers, was er Fanny schon zuvor brieflich angekündigt hatte. Mit seiner Liebe hörte dann wohl auch die Gedichtproduktion auf.

Stifters Lyrik ist epigonal. Vorbild war vor allem die empfindsame Dichtung (Klopstock, Matthisson, Salis-Seewis u. a.), deren wehmütige, differenzierte Naturstimmungen er oft ganz geschickt kopierte. Daneben hat er aus dem von Klassik und Romantik zur Verfügung gestellten lyrischen Fundus geschöpft. In den übernommenen Formen bleiben die zum Teil schon sehr persönlichen Inhalte noch ganz gefangen: »Der menschlich-dokumentarische Gehalt der Gedichte überwiegt jedenfalls den dichterischen um ein beträchtliches« (Micko 1930, 148). Als Beispiel seien einige Zeilen aus dem Gedicht »Erinnerung an Friedberg« (1830) zitiert:

»Wende dich ab mein Herz von den stolzen Palästen der Hauptstadt,
　Dort wo im Abendrot goldene Streifen erglühn,
Dorthin liegt mein Land, mein dunkel geschlossenes Waldtal,
Dorthin sehnsuchtsvoll – heftet das Auge den Blick [...]«

(zit. Fischer Dokumente 1962, 74).

Was in der Überschrift »literarische Pläne« heißt (erwähnt ist hier nur, was auch in der Forschung Gegenstand von Spekulationen wurde), ist tatsächlich über Absichtserklärungen nicht hinausgekommen. Aus einem Nausikaa-Drama, von dem Stifter in der Zeit seiner Arbeit am »Nachsommer« spricht, ist nichts geworden. Er hatte dabei wohl an ein Humanitätsdrama in der Nachfolge der Iphigenie gedacht. Auch von einem Roman über den Astronomen Kepler, der für den alten Stifter sein eigenes Schicksal als »verkanntes Genie in der Linzer Provinz« präfigurierte, ist wohl keine Zeile geschrieben worden. Auch von den historischen Romanen »Wok von Rosenberg« und »Zawesch von Falkenberg«, die ursprünglich dem »Witiko« hatten vorangehen sollen, ist nichts überliefert.

Literatur:

Gedichte (unter dem Pseudonym Ostade) in: Oesterreichisches Bürgerblatt für Verstand, Herz und gute Laune. Linz 1830, Nr. 15, 60, 63, 66
Tröstung (Gedicht) in: Wiener Zeitschrift für Kunst, Literatur, Theater und Mode. Wien 1833, 15. August
Gedichte. In: A. S. Erzählungen. Hrsg. von *J. Aprent.* Bd. 2, Pest 1869
Unbekannte Jugendgedichte. Mitgeteilt von *Heinrich Micko.* In: Euph. 31 (1930), S. 143–174
Früheste Dichtungen. Zum erstenmal hrsg. von *Heinrich Micko.* Prag 1937
Kienesberger, Konrad: Adalbert Stifters Jugendgedicht »Das Freudenfest am Trauermahle«. Ein Beitrag zum 100. Todestag des Dichters am 28. Jänner. In: Jahresbericht des Öffentlichen Gymnasiums der Benediktiner in Kremsmünster III, Wels 1968, S. 51–74

Buchowiecki, Josef: Adalbert Stifter. Zur Geschichte der Gedichte. Sonderdruck zum 170. Geburtstag Adalbert Stifters. Wien 1976 (Eigenverlag)

Meyer, Paul: Adalbert Stifters Verhältnis zur Lyrik. Diss. Basel 1932

Pläne:

Enzinger, Moriz: Adalbert Stifters Nausikaa-Plan. In: Innsbrucker Beiträge zur Kulturwissenschaft 1953, S. 67 ff. Wiederabgedruckt in *M. E.*, Gesammelte Aufsätze zu A. S., Wien 1967, S. 180–191

Muschg, Walter: Stifters Keplerroman. In: Archiv für Literatur und Volksdichtung 1 (1949), S. 34–49

Enzinger, Moriz: Stifters Weg zum Geschichtsroman und der Plan zum »Zawisch«. In: *M. E.*, Gesammelte Aufsätze zu A. S. Wien 1967, S. 219–234

ders.: Der Plan zum »Wok« und die Rosenbergertrilogie. – In *M. E.*, Gesammelte Aufsätze zu A. S. Wien 1967, S. 235–254

4.1. Pädagogisches Wirken

Stifter ist 15 Jahre lang, von 1850 bis zu seiner vorzeitigen Pensionierung 1865, Schulrat und Inspektor der oberösterreichischen Volksschulen gewesen. Die aus seiner Amtszeit erhaltenen Akten hat Fischer als »Documenta Paedagogica Austriaca« herausgegeben und mit einem einleitenden Vorwort in den zum besseren Verständnis notwendigen historischen Kontext gestellt.

Vor 1848 hatte die Schule in Österreich unter geistlicher Oberaufsicht gestanden. Noch in den ersten Revolutionswirren wurde am 23. März 1848 das erste Unterrichtsministerium unter Franz von Sommaruga gegründet, der aber schon wenige Monate später zurücktrat. Nach einer kurzen kommissarischen Verwaltung durch den damaligen Innenminister übernahm *Graf Leo Thun-Hohenstein* das Amt des Unterrichtsministers. Zu seinem Unterstaatssekretär wurde der Arzt und Schriftsteller *Ernst von Feuchtersleben* berufen, dessen sehr stark von Herder geprägte Bildungsideen auch Stifter unmittelbar beeinflußt haben. Im gleichen Jahr, 1849, wurden Landesschulbehörden eingerichtet, in denen Schulräte als Fachleute für pädagogische und didaktische Fragen mit Juristen zusammenarbeiten sollten. Die Schulräte waren, wie der Name schon sagt, den jeweiligen Länderchefs als Berater »beigegeben«, zu selbständigen Entscheidungen waren sie nicht befugt. Die in den »Documenta« zusammengestellten Aktenstücke sind vor allem Inspektionsberichte und begründete Vorschläge zur Vergabe von Lehrerstellen. Vorschlagsberechtigt war außer dem weltlichen Schulrat noch das bischöfliche Konsistorium. Mit der Reaktion gewann die Kirche den verlorenen Einfluß schrittweise zurück. Feuchtersleben hat daher enttäuscht sein Amt sehr bald quittiert. Schon 1850 wurden die bis dahin auch für geistliche Lehrer üblichen Staatsprüfungen wieder abgeschafft. »In Oberösterreich waren im Jahre 1856 sämtliche Gymnasiallehrer Geistliche, die sich keiner staatlichen Prüfung zu unterziehen brauchten« (Jungmair 1957, 298). Abschluß und Höhepunkt der reaktionären Entwicklung war 1855 das Konkordat, in dem das Unterrichtswesen wieder ganz der Kirche unterstellt wurde. Die bis dahin jedenfalls noch auf dem Papier bestehende staatliche Oberaufsicht wurde aufgehoben. Damit verlor auch das zuvor immerhin einflußreiche Amt des Schulrats an Bedeutung. Stifter hat an dieser Entmachtung und der Abhängigkeit und Gängelung von oben sehr gelitten. »In meinem

Amte sagten mir die Vorsteher oft, dieses oder jenes sollte ich anders und besser thun, bis ich von dem Amte fort ging« (SW XIII/2, 316), heißt es karg und resigniert in der Erzählung »Der Waldbrunnen«. Daß man ihm 1856 durch ministeriellen Erlaß die Inspektion der Linzer Realschule entzog, an deren Gründung er gleich nach Amtsantritt wesentlich beteiligt war, hat er als die bitterste Kränkung seiner Beamtenlaufbahn empfunden. Er fühlte sich ungerecht bestraft für die Haltung, die er zwei Jahre vorher in einem Streit zwischen dem Direktor und dem Lehrerkollegium der Realschule als Gutachter eingenommen hatte. Die Untersuchungsprotokolle zu diesem Kleinstadt-Drama sind in den »Documenta« abgedruckt.

Die Aktensammlung zeigt, daß Stifter seine Beamtenpflichten gewissenhaft erfüllte und dabei ehrlich um das Wohl der Lehrer und Schüler besorgt war, als bedeutender Pädagoge, wie es der Ehrgeiz des Herausgebers will, profiliert er sich darin gewiß nicht. Dafür wird aus ihnen ein bedrückender Ausschnitt zeitgenössischer Wirklichkeit sehr anschaulich: das Elend der Landschulen, die oft nur feuchte, kalte Höhlen waren, die Armut der Lehrer und der bäuerlichen Bevölkerung, vor allem aber die Kleinlichkeit und Enge der herrschenden Moralvorstellungen, die Stifter in seinen Gutachten doch reproduzierte, selbst wenn er sie in manchen Fällen zu mildern suchte.

Dafür nur ein Beispiel, der Fall des über 80jährigen Schulleiters »zu Waldkirchen am Wesen«, Raimund Resch. Nach 59 Amtsjahren schlägt Stifter für ihn »zur Freude und Belohnung so wie seinen Mitlehrern zur Ermunterung« eine Auszeichnung vor, »als welche wohl das silberne Verdienstkreuz mit der Krone das ehrendste sein dürfte«. Resch hat sich in seinem Amt nie etwas zu Schulden kommen lassen, sein Lebenswandel ist vorbildlich, nach dem Bericht des Bezirkshauptmanns, der die politische Gesinnung zu kontrollieren hat, ist er dem »ah. Kaiserhause und der Regierung sehr ergeben«. Dennoch müssen erst Bedenken ausgeräumt werden, daß er an der »Tadelhaftigkeit mancher Handlungen seiner zwei Söhne Heinrich und Alexander »schuld sein« könnte und deshalb der Auszeichnung nicht würdig. Das ist die Realitätsgrundlage der rigorosen Sittlichkeit, die Stifter im poetischen Werk als Humanität gepredigt hat (Documenta 1961 Bd. 1/96, Nr. 80).

1849 hat Stifter im ›Wiener Boten‹ eine Reihe von Artikeln zu Fragen der Erziehung und der Organisation des Schulwesens verfaßt. Einzelne Beiträge zu pädagogischen Fragen erschienen außerdem in der ›Linzer Zeitung‹ und später vereinzelt in pädagogischen Fachzeitschriften. Wie die aus der gleichen Zeit stammenden Aufsätze zu politischen und staatsrechtlichen Themen sind sie idealistischen, vor allem Herderschen und Humboldtschen Bildungsideen sehr stark verpflichtet. Fischer behauptet allerdings, viele Ansichten Stifters seien zu seiner Zeit revolutionär gewesen, die Sätze, die er als Beleg für diese These anführt, erlauben aber auch Nicht-Pädagogen Zweifel, besonders, wenn er sie zugleich als Grundeinsicht Pestalozzis bezeichnet.

Fast alle Bücher über Stifter als Pädagogen behandeln bezeichnenderweise nicht seine pädagogischen Aufsätze, sondern einzelne poetische Werke, vor allem natürlich den »Nachsommer«, der sich ja in der Tat als poetische Umsetzung eines Bildungsprogramms lesen läßt. Einzig *Fischer,* der für Stifter mit seinen meisten Arbeiten einen Platz in der historischen Pädagogik erkämpfen möchte, stützt sich in seinem umfangreichen Werk »Die Pädagogik des Menschenmöglichen« (1962) auf das Material des gesamten schriftlichen Nachlasses, also auf die poetischen Werke, die theoretischen Schriften und die Schulakten. Bei dem Streit, welcher pädagogischen Richtung Stifter nun zuzuschlagen sei, können wir die Pädagogen unter sich lassen, weil sie jeweils Inhalte postulieren – Stifter als Gestalter des Humboldtschen Bildungsprogramms (Bertram) – Stifter als Repräsentant biedermeierlichen Bildungsgedankens (Bollnow) – Stifter als Vertreter einer »Pädagogik des Menschenmöglichen« (Fischer) –, ohne die ästhetische Vermittlung dieser Inhalte zu reflektieren.

Das *Lesebuch zur Förderung humaner Bildung* hat Stifter gemeinsam mit dem Linzer Realschullehrer *Johannes Aprent* zusammengestellt. Es erschien 1854 bei Heckenast und war »Zur Benutzung an Realschulen und in anderen zu weiterer Bildung vorbereitenden Mittelschulen« bestimmt, wurde aber als Lehrbuch vom Ministerium nicht »approbiert«, mit der Begründung, daß es dem Lehrplan nicht entspreche. Das trifft zwar zu, war aber doch wohl ein Vorwand. Der vom Ministerium bestellte Gutachter war selbst Verfasser von zahlreichen Lesebüchern, war der offizielle Lesebuchmacher, wie Stifter nach der Ablehnung schreibt, und hatte kein Interesse daran, einen Konkurrenten hochkommen zu lassen. Zur offiziellen Begründung der Ablehnung bemerkte Stifter, daß sie wohl korrekt, aber beschränkt sei: das Lesebuch stehe »über dem Gesichtskreise unserer Profeßoren, und vorzüglich derer, die bisher für unsere Schulen solche Bücher gemacht haben [...]« (2. 1. 1855, SW XVIII, 246). Aus dem ursprünglichen mitgeplanten Ergänzungsband, der den Lehrer zur richtigen Benutzung des Lesebuches hätte anweisen sollen, ist wegen dieser Ablehnung nichts geworden.

Der Stoff des Lesebuches ist auf zwei Kapitel verteilt, »Von Außen« und »Nach Innen«, »die sich auf die Richtung beziehen, nach welcher überhaupt alle geistige Entwicklung vor sich geht. Zuerst Beschauen des Gegenstandes und Herrschaft desselben, dann Erregtheit des Innern und seine Geltendmachung, also dort Beschreibung und Erzählung, hier Gefühlsäußerung (Lyrik) und Denken über die Dinge (Reflexion)« (Vorwort, VII). Der Titel lehnt sich programmatisch an Herders »Briefe zur Beförderung der Humanität« an. Da das Lesebuch nach Stifter das »Schönste Verstandesgemäßeste und zugleich pädagogisch Brauchbarste« enthält, »das wir finden konnten«, kann man es wohl als repräsentativ für seinen literarischen Geschmack ansehen, der durch die ihn regierenden streng sittlichen Normen gleichsam sterilisiert wurde. Für ihre Zeit wirkt die Sammlung ausgesprochen antiquiert. »Problematische« literarische Richtungen (Sturm und Drang, Romantik, das Junge Deutschland) und Autoren (Kleist, Büchner, Hölderlin, Lenau etc.) sind natürlich nicht aufgenommen, bevorzugte Dichter Herder, Goethe, Wilhelm v. Humboldt. Die aufgenommenen zeitgenössischen Schriftsteller sind fast alle zweitrangig.

Nach dem Fehlschlag des Lesebuches hat Stifter weitere Schulbuchpläne aufgegeben, doch hängen die sechs *Winterbriefe aus Kirchschlag,* 1866 in der ›Linzer Zeitung‹ erschienen, möglicherweise noch mit dem Plan zu einem Physikbuch zusammen, an dem Stifter 1851 kurze Zeit gearbeitet hat. An seine Beobachtungen in dem über Linz gelegenen Ort Kirchschlag, wo sich Stifter 1866 zur Erholung aufhielt, knüpft er in diesen Briefen populärwissenschaftliche Betrachtungen über Erscheinungen wie Licht, Wärme, Elektrizität, Luft, Wasser, die mit dem letzten Brief in ein Lob der Schöpfung einmünden. Sie gehören damit zum physiko-theologischen Schrifttum, dessen Blütezeit im 18. Jh. lag.

Literatur:

Aufsätze, Artikel, Schriften zu Schule, Zeitgeschichte, Wissenschaft:

Stifters Zeitungsartikel zu Schule, Zeitgeschichte, allgemeinen politischen Fragen sind in *Eisenmeiers* Bibliographie einzeln aufgeführt. Zusammengefaßt sind sie in SW XVI
Eine Auswahl aus Stifters populärwissenschaftlichen Schriften hat Theodor Rutt zusammengestellt:
Pädagogische Schriften. Besorgt von *Theodor Rutt.* Paderborn 1960

Einzelnes:

»Zur Psichologie der Thiere«. In: III. Monatsheft litterarisch-belletristischen Privat-Vergnügens. 15. März bis 15. April 1845 mit Beiträgen von Richard Metternich, Grafen Bellegarde, Rath, Hunter, Adalbert Stifter und Friedrich Simony. [Es handelt sich um Monatshefte, die von den Teilnehmern eines literarischen Kränzchens im Hause des Fürsten Metternich zusammengestellt wurden.
Zur Psychologie der Thiere. Mit einem Nachwort von *K. G. Fischer.* Linz 1963 (Schriftenreihe 20)

»Über Kopfrechnen«. In: Der österreichische Schulbote. 1954
Enzinger, Moriz: Ein unbekannter Aufsatz Adalbert Stifters »Über Kopfrechnen«. In: Österr. Akademie der Wissenschaften, Anzeiger Phil. hist. Klasse. Bd. 238, 4 (1961); Wiederabgedruckt in: *M. E.,* Gesammelte Aufsätze zu A. S., Wien 1967, S. 295–322
Resag, Kurt: Adalbert Stifter als Rechendidaktiker. In: Festschrift für Moriz Enzinger zum 70. Geburtstag. Linz 1961 (Vj. 10, F. 3/4), S. 171–179

Vancsa, Kurt: Die Schulakten Adalbert Stifters. Graz 1955
Documenta Paedagogica Austriaca. Adalbert Stifter. Zusammengestellt und mit einer Einleitung versehen von *K. G. Fischer.* 2 Bde., Linz 1961 (Schriftenreihe 15)
Wilhelm, Gustav: Stifter als Schulrat. In: G. W., Begegnung mit Stifter. München 1943, S. 51–60
ders.: Ein Gutachten Adalbert Stifters. In: G. W., Begegnung mit Stifter. München 1943, S. 45–50
Markus, Andreas: Adalbert Stifter und die Linzer Realschule. In: Vj. 3 (1954), S. 61–75
Jungmair, Otto: Adalbert Stifter und die Schulreform in Oberösterreich nach 1848. In: Historisches Jahrbuch der Stadt Linz 1957, S. 241–319
Franz, Leonhard: Stifter und der Linzer Universitäts-Plan. In: Vj. 8 (1959), S. 78–86; dazu:
Fischer, K. G.: Einige Bemerkungen zu Stifters Universitäts-Gutachten. In: Vj. 8 (1959), S. 87–92

»*Lesebuch zur Förderung humaner Bildung* in Realschulen und in andern zu weiterer Bildung vorbereitenden Mittelschulen.« Von Adalbert Stifter und Johannes Aprent. Pest 1854
Faksimile-Druck, dazu die Briefe Stifters zum Lesebuch. Hrsg. von *Max Stefl.* München, Berlin 1938 (Schriften der Corona 18)
Lesebuch zur Förderung humaner Bildung ... Neu hrsg. von *J. Habisreutinger.* München 1947
Bratanek, Th. E.: Über das Lesebuch zur Förderung humaner Bildung von Stifter-Aprent. In: Zeitschrift f. österr. Gymnasien. Wien 1854, 5. Jg., S. 773–789
Blumenthal, Hermann: Adalbert Stifters Lesebuch. In: ZfdPh 65 (1940), S. 217 ff.
Enzinger, Moriz: Adalbert Stifters »Lesebuch«. In: Vj. 12 (1963), S. 18–35; Wiederabgedruckt in: *M. E.,* Gesammelte Aufsätze zu A. S. Wien 1967, S. 267–294
Domandl, Sepp: Adalbert Stifters Lesebuch und die geistigen Strömungen der Jahrhundertmitte. Linz 1976 (Schriftenreihe 29)

»*Winterbriefe aus Kirchschlag*«. In: Linzer Zeitung (Nr. 25, 35, 47, 59, 69, 93). Linz 1866
In: SW XV

Allgemein:

Matthäus, Gerhard: Stifters Erziehungsgedanken. Eger 1933
Rutt, Theodor: Selbsterziehung und Selbstbildnis im Leben und in den Werken Adalbert Stifter. Diss. Köln 1939; 2. Auflage unter dem Titel: Adalbert Stifter, der Erzieher. Wuppertal 1970
Fischer, K. G.: Die Pädagogik des Menschenmöglichen. Adalbert Stifter. Linz 1962 (Schriftenreihe ... 17)
Henz, Hubert: Zur Bedeutung des Naturschönen für die ästhetische Erziehung. Ein nachromantischer Beitrag: Adalbert Stifter. In: Geschichte der Pädagogik und systematischen Erziehungswissenschaft. Hrsg. von Winfried Böhm und Jürgen Schriewer. Stuttgart 1975
Weitere Titel zu Pädagogik siehe 3.3 (»Nachsommer«), S. 44 f.
Zum »politischen« Schriftsteller Stifter siehe 2.1, S. 14

4.2. Maler, Kunstkritiker, Restaurator

In seinem »Gesuch um Aufnahme in den Witwen und Waisenpensionsfond bildender Künstler in Wien« (1844) stellt sich Stifter als Landschaftsmaler vor, der von dem Ertrag seiner Kunst lebe. Die zweite Behauptung war unwahr, die erste zu diesem Zeitpunkt nicht mehr wahr. Zum Beruf auch im bürgerlichen Sinne als Einkommensquelle war ihm damals schon das Dichten geworden, das sein Gesuch zu »einigen kleinen Versuchen in der Schriftstellerei« abschwächt. Trotzdem ist diese Selbstbeschreibung mehr als eine ganze und eine halbe Lüge, nämlich ein Wunsch, und deshalb auf tiefere Weise doch wieder wahr. »Und als er sich durch seine Novellen schon einen Namen geschaffen, hörte er es noch immer lieber, [...] wenn man ihn Maler nannte« (zit. SW XIV, S. XXXVIII), berichten seine Zeitgenossen. Stifter hat die Malerei zeit seines Lebens als sehr ernsthafte Liebhaberei betrieben. Die Beurteilung und Einordnung seines malerischen Werkes setzt die Kunsthistoriker in Verlegenheit. »Adalbert Stifter als Maler war mehr als ein großer Dichter, der auch malte«, hilft sich Novotny in der Einleitung zu seiner Monographie. Daß er auch in Handbüchern über die österreichische Malerei seiner Zeit oft nicht vorkommt, schiebt er zum einen auf »die geringe Kenntnis von seinen Werken« (aber weshalb sind sie so wenig bekannt?), zum andern auf »die Isoliertheit, das Einzelgängerische seiner Kunst, insofern man sie entwicklungsgeschichtlich betrachten will« (Novotny 1947, 5). In älteren Darstellungen wird diese Unkenntnis nüchterner damit erklärt, daß der Maler Stifter eben nur Mittelmäßiges produziert habe. Die Diskrepanz zwischen Wollen und Können, Vision und der Möglichkeit, sie mit technisch-malerischen Mitteln zu realisieren, sei zu groß gewesen. Stifter selbst hat einmal zu Rosegger gesagt, »die Leinwand sei ihm wie ein Sieb, auf welchem nur das Grobe liegen bleibe, das Feine, Zarte und Wahrhafte aber durchfalle« (zit. SW XIV, XXXVI). So wäre er zum Meister einer poetischen Landschaftsmalerei, die das Feine, Zarte und Wahrhafte so vollendet bewahrt, gleichsam aus Not geworden.

Abgesehen vom Zeichenunterricht in Kremsmünster, wo Stifter wie der »grüne Heinrich« als »Grundbedingung landschaftlicher Formschönheit [...] vor allem einen fertigen, tadellosen Baumschlag« üben mußte, hat er keine malerische Ausbildung gehabt.

Novotny hat einen Katalog von 99 gesicherten Werken zusammengestellt, meist Ölgemälde, aber auch Deckfarben und Zeichnungen. Der Großteil davon stammt aus der Zeit zwischen 1823 (die ersten naiv abbildenden Versuche noch aus der Schulzeit) und 1850, dem Beginn der Amtstätigkeit. Dieses Jahr markiert nach Novotnys Deutung die Zäsur zwischen einem konventionellen, sich aus mehreren Entwicklungsstufen aufbauenden, aber insgesamt einheitlich Früh- und Reifewerk, und dem Spätwerk, auf das sich die These von dem Einzelgängerischen dieser Kunst vor allem stützt. Sie ist freilich weitgehend hypothetisch, weil ihr der Gegenstand fehlt. Man kann auf ihn nur noch auf Grund von Skizzen, Entwürfen, Fragmenten schließen. Zwischen 1855 und 1867 hat Stifter an neun symbolischen Landschaften gemalt oder sie doch geplant: »Die Vergangenheit. römische Ruinen« – »Die Heiterkeit. griechische Tempeltrümmer« – »Die Sehnsucht. Mondstück« – »Die Bewegung. strömendes Wasser«, usf. Im »Tagebuch meiner Malerarbeiten« hat er über die an diesen Bildern vermalte Zeit bis auf die Minute genau Buch geführt. Obgleich er an den relativ kleinformatigen Bildern zum Teil außerordentlich lange gearbeitet hat (für die »Bewegung« zum Beispiel addiert sich die Summe von 1163 Stunden und 43 Minuten, das sind mehr als 48 Tage), hat er offenbar keines davon zu seiner Zufriedenheit fertigstellen können und die Bilder, wie der Held seiner »Nachkommenschaften«, am Ende verbrannt. Vielleicht ist in dieser pathologischen Buchführung das Scheitern schon vorweggenommen.

Stifter hatte sich auf die <u>Landschaftsmalerei</u> spezialisiert, die <u>im 19. Jh. die religiöse Bildkunst ablöste</u> (C. D. Friedrichs berühmtes »Kreuz im Gebirge« hält diesen Prozeß der Objektivierung exemplarisch fest), an ihrem Anspruch »als Bild eines göttlichen Wirkens religiös zu sein« aber weiter festhielt. Religiöse Verbindlichkeit hatte sie mit den festumrissenen Figuren und Themen der christlichen Mythologie freilich eingebüßt. Landschaftsbilder wurden massenhaft als gefällige Wohnstuben-Dekoration produziert. »Man mag sich stemmen und wenden, und vom Selbstzweck der Kunst reden, wie man will, am Ende fördert unsere heutige Bilderfabrication doch nichts weiter zu Tage als schöne Möbel«, heißt es in der Besprechung einer Gemäldeausstellung in der ›Wiener Zeitschrift für Theater, Kunst und Mode‹ (1843). Gegen diesen Verfall setzt Stifter seine geduldige Arbeit am Werk der göttlichen und künstlerischen Schöpfung. Sie ist selbst gewissermaßen schon Gottesdienst und das Scheitern – die Einsicht, daß man die Schöpfung nicht nachahmen könne – paradoxerweise seine höchste Form. Über diese Problematik hat Stifter auch in seiner Malererzählung »Nachkommenschaften« reflektiert.

Novotnys Versuche, zwischen Malerei und Dichtung Beziehungen herzustellen, sind weniger ergiebig, als man wohl zunächst nach dem Thema erwarten dürfte. (Entsprechendes gilt für die Überlegungen von Weiss.) Sie münden entweder ein in die Erkenntnis von der Eigengesetzlichkeit der ästhetischen

Medien und der jeweils verschiedenen Gattungstradition (als Maler wählt Stifter mit Vorliebe für die Landschaftsmalerei typische Bildgegenstände wie Hochgebirgslandschaften, Mondstücke, Ruinenbilder), oder in Gemeinsamkeiten, die ihren Grund in der Identität des schöpferischen Subjekts haben. Das gilt etwa für Parallelen in der dichterischen und malerischen Entwicklung von einem (vergleichsweise) realistischen, expressiven Frühwerk zu einem klassizistischen, zu Abstraktion und Symbol bzw. Allegorie neigendem Spätwerk. Auch liegt es natürlich nahe, Deutungen des poetischen Werkes auf das malerische zu projizieren. Daß Novotny im problematischen Verhältnis von Allgemeinem und Besonderem, Ideenhaftigkeit und Detailrealismus die wichtigste und wie er meint einzelgängerische Charakteristik des Stifterschen Spätwerks erkennen kann, ist wohl der Hilfestellung der ebenso beschaffenen Dichtung zu verdanken. Umgekehrt ist der malerische Charakter der Stifterschen Dichtungen von jeher ein kritischer Gemeinplatz, detaillierte Untersuchungen dazu fehlen freilich.

Seit 1851 war Stifter Mitglied des neugegründeten »Oberösterreichischen Kunstvereins« in Linz, von 1854 bis Ende 1862, als er wegen einer Meinungsverschiedenheit mit dem Vorstand austrat, sein stellvertretender Vorsitzender. In dieser Zeit, vereinzelt auch noch später, hat er regelmäßig die vom Verein oft mehrmals im Jahr veranstalteten Kunstausstellungen (meist) in der ›Linzer Zeitung‹ besprochen.

Eine Betrachtung aus der ›Wiener Abendpost‹ (27. 6. 1902) zum Erscheinen von Bd. XIV der SW charakterisiert diese Arbeiten sehr treffend: »Der Wert seiner Kritiken liegt wohl darin, daß in der nichts weniger als kunstfreudigen oder kunstverständigen Provinzhauptstadt überhaupt von Kunst gesprochen wurde. Sie sind in einer höchst schmucklosen, nicht gerade aufregenden Form geschrieben, muten wie amtliche Referate des Herrn k. k. Schulrates Stifter an, der Dichtergenius scheint bei ihrer Abfassung stets geschlafen zu haben. Die Darstellung ergeht sich in moralischen und veralteten ästhetischen Betrachtungen und entbehrt des temperamentvollen Eindringens« (zit. Pfeiffer 1977, 71 f.).

Nun war temperamentvolles Eindringen auch sonst nicht Stifters Stärke, die einzigen Temperamentsausbrüche, die er sich bisweilen erlaubte, die aus moralischem Zorn, fanden bei Bildern keinen Ansatzpunkt, »weil in der bildenden Kunst jene verderblichen Einflüße leichter erkannt und daher von gewissenhaften Vermittlern öffentlicher Anschauungen von Werken bildender Kunst leichter vermieden werden können« (SW XIV, 116). Lokalpatriotischer und volkspädagogischer Wirkungswillen und pragmatische Rücksicht (die Verkäuflichkeit der Bilder sollte ja durch Kritik nicht beeinträchtigt werden) bestimmen so den durchgehend milden Ton der Besprechungen. Schließlich lag auch der Wert der ausgestellten Kunstwerke vor allem darin, daß sie in der Provinzhauptstadt überhaupt gezeigt wurden. Stifter weist selbst wiederholt darauf hin, daß man von solchen häufig wechselnden Provinzausstellungen keine Spitzenleistungen erwarten dürfe, trotzdem ist sein überschwängliches Lob mancher Bilder gewiß nicht nur relativ oder pädagogisch gemeint. So hat er etwa die sentimentalen Mädchenbilder des Maler Carl Löffler wirklich für Meisterwerke gehalten.

Die ausgestellten Bilder waren in der Regel Landschaften. Ihre Maler sind heute meist vergessen. Eine Reihe der besprochenen Werke stellte Pfeiffer in seiner Untersuchung in Abbildungen vor. Die »moralischen und veralteten ästhetischen Betrachtungen«, die in der Regel Stifters Berichte einleiten, variieren die Botschaft von der sittlichen Aufgabe der Kunst – nach der Religion sei es vorzüglich sie, »welche die Herzen der Menschheit sänftigt, veredelt, reiner macht, auf die eigentliche Höhe der Menschheit hebt« (SW XIV, 48). Die Bildbesprechungen selbst beschränken sich im wesentlichen auf die malerisch-technische Beurteilung, auf das Handwerkliche also: ob die Bilder richtig gezeichnet, komponiert, korrekt in der Farbgebung sind, ob die jeweilige malerische Aufgabe gelöst ist. Man merkt diesen Urteilen Stifters seine praktische Erfahrung an, sie sind weit kompetenter, als die ästhetisch-begrifflichen Bestimmungen, die er zuweilen versucht. Technische und ästhetische Würdigungen sind bezogen auf das Maß eines »Realidealismus«, in dem Objektivität und Einfachheit sich mit Seelenfülle verbindet. Diese Synthese heißt bei ihm »klassisch«. Als gleichsam zeitlose Charakteristik aller »wahren« Kunst spricht er sie auch (in seinen Kunstkritiken sogar vor allem) nach unserem Verständnis und Wortgebrauch durchaus romantischen Bildern zu, wie etwa einem Mondstück des von ihm sehr geschätzten Malers August Piepenhagen, das ihn zu grundsätzlichen Betrachtungen anregt: »Große Dichter und Maler wählen so gerne den einfachsten Stoff. Von der Fülle des eigenen reichen Innern gedrängt, wissen sie mit Wenigem in gebildetster Form dieses Innere in einer Art Unendlichkeit zu offenbaren, ja sie gehen dem gehäuften Stoffe aus dem Wege, weil er als roher Körper den zarten Geist zu ersticken droht. Man denke an die Ilias von Homer, an Macbeth von Shakespeare, an Iphigenia von Goethe« (SW XIV, 178).

Sehr schön ist Stifter übrigens manchmal die Umsetzung der zu besprechenden Bilder in ihre Beschreibung gelungen – dabei ist der »Dichtergenius« denn doch aufgewacht.

»Und wirklich mußte man sich auch zum Danke verpflichtet fühlen, daß es einen Mann gab, wie mein Gastfreund war, der aus Liebe zu schönen Dingen, und ich muß wohl auch hinzufügen, aus Liebe zur Menschheit, einen Teil seines Einkommens seiner Zeit und seiner Einsicht opfert, um manch Edles dem Verfalle zu entreißen« (W 612 f.). Diese Anerkennung spricht Stifter sich selbst in der Gestalt des Freiherrn von Risach aus. Von 1853 an ist er für die dem Handelsministerium unterstehende »k. k. Centralcommission zur Erhaltung und Erforschung der Kunst- und historischen Denkmale« als »Conservator für Oberösterreich« ehrenamtlich tätig gewesen. Die Ernennung hatte er einem Wiener Bekannten, dem Regierungsrat *Josef Arneth,* zu verdanken, dem er sein Interesse daran hatte mitteilen lassen. Aufgabe des »Conservators« war die Meldung und Beschreibung von Kunstdenkmälern in seinem Arbeitsgebiet. Von Werken, die er zur Restaurierung vorschlug, mußte er ausführliche Berichte über ihren Zustand und die zur Wiederherstellung nötigen Maßnahmen einsenden. Selbständig durfte er also nichts beschließen. Im »Nachsommer« hat er seine Arbeit in der Denkmalpflege als »Restauration des Schönen« zur Lebensform verklärt.

Würdig dem Verfalle entrissen zu werden, schien Stifter wie seiner ganzen Zeit vor allem die gotische Kunst des Mittelalters, das die Romantik als nationale Antike wiederentdeckt hatte. Verfall war die Zopf- und Schnörkelzeit von Barock und Rokoko. »Wem ist es unbekannt«, sagt Stifter, »mit welchem Eifer besonders die sogenannte Zopfzeit es sich angelegen sein ließ, die edelsten Kunstbildungen des Mittelalters zu beseitigen und dafür oder daneben ihre ungeheuerlichen Erzeugungen hinzustellen« (SW XIV, 248). Die Barockisierung gotischer Kirchen zur Zeit der Gegenreformation wurde an vielen Orten, oft gegen den Widerstand der Bevölkerung, die an der barocken Goldpracht hing, wieder rückgängig gemacht, sie wurden regotisiert bzw. mit neogotischem Zubehör stilrein wiederhergestellt. In diesem Geiste hat Stifter an der Restaurierung einiger mittelalterlicher Kunstwerke als ästhetischer Berater mitgearbeitet. Besonders eingesetzt hat er sich für die Wiederherstellung des auch kunsthistorisch bedeutenden geschnitzten Hochaltars der Kirche zu *Kefermarkt*.

Literatur:

Stifters Artikel und Rezensionen zur bildenden Kunst sind in Eisenmeiers Bibliographie einzeln aufgeführt. Abgedruckt sind sie in SW XIV

Verzeichnis der Adalbert Stifter-Sammlungen in der Albertina in Wien. Hrsg. von der Adalbert Stifter-Gesellschaft in Wien. Wien 1922

Katalog des Adalbert Stifter-Museums in Wien. Gemeinsam mit Friedrich Speiser, Franz Fink und Gisela Beer mit Einführung hrsg. von *Fritz Novotny*. Wien 1941

Schlossar, Anton: Adalbert Stifter und die Künstler Axmann und Geiger. In: Zeitschrift für Bücherfreunde. H. 8 (1900/1), S. 273–287

ders.: Adalbert Stifters Beziehungen zu dem Maler Carl Löffler in Wien. Nach Briefen Löfflers ... In: Deutsche Arbeit 8 (1909), S. 769–774, 800–808

Bertram, Ernst: Adalbert Stifter als Bewahrer alter Kunst. In: Festschrift zum 60. Geburtstag von Paul Clemen. Bonn 1926

Jungmair, Otto: Adalbert Stifters Wirksamkeit im Oberösterreichischen Kunstverein. In: Oberösterreichisches Kunstleben 1851–1931. Geleitbuch des Oberösterreichischen Kunstvereins anläßlich seines achtzigjährigen Bestandes. Linz 1931, 71–101

Novotny, Fritz: Adalbert Stifter als Maler. Wien 1941; 3. erw. Aufl. Wien 1948

ders.: Drei unbekannte Landschaftsgemälde A. Stifters. In: Adalbert-Stifter-Almanach für 1947. Wien 1947, S. 87–93

Hausenstein, Wilhelm: Adalbert Stifter als Maler. In: W. H., Meissel, Feder und Palette. Versuche zur Kunst. München 1949, S. 345–362

Schmidt, Justus: Linzer Kunstchronik. 3 Bde. Linz 1951 f. Teil 2: Die Dichter, Schriftsteller und Gelehrten. Sonderpublikationen zur Linzer Stadtgeschichte, hrsg. von der Stadt Linz, Städtische Sammlungen

Novotny, Fritz: Zu der Zeichnung »Aus Ebelsberg«. In: Adalbert-Stifter-Almanach für 1953, S. 28–32

Novotny, Fritz: Adalbert Stifters »Nachkommenschaften« als Malernovelle. In: 100 Jahre Realschule VI Wien. Festschrift. Wien 1954, S. 55–57; Wiederabgedruckt in: *F. N.*, Über das Elementare in der Kunstgeschichte und andere Aufsätze. Wien 1968, S. 90 f.

ders.: Klassizismus und Klassizität im Werk A. Stifters. Bei Betrachtung seiner späten Landschaftsbilder. In: Festschrift für Karl M.

Swoboda zum 28. 1. 1959. Wien 1959, S. 193–211; Wiederabgedruckt in: *F. N.*, Über das Elementare in der Kunstgeschichte und andere Aufsätze. Wien 1968, S. 92–104

Fink, Franz: Adalbert Stifter und Johann Rint. In: Vj. 8 (1959), S. 115–120; dazu *K. G. Fischer:* Noch einmal: Adalbert Stifter und Johann Rint. In: Vj. 9 (1960), S. 25–33

Novotny, Fritz: Zu einer Zeichnung Adalbert Stifters. In: Festschrift Moriz Enzinger. Vj. 10 (1961), S. 170 f.

Enzinger, Moriz: Eine Landschaftsstudie A. Stifters und ihr Vorbild. In: Vj. 13 (1964), S. 90–92; wiederabgedruckt in *M. E.*, Gesammelte Aufsätze zu Adalbert Stifter. Wien 1967, S. 323–327

Novotny, Fritz: Adalbert Stifters Zeichnungen aus den Lackenhäusern. In: Albertina-Studien. Wien: Graphische Sammlung Albertina 1964. 2. Jg. 3. H. S. 85–105

Enzinger, Moriz: Stifter und der Kefermarkter Altar. In: Der Pflug (1965), S. 77–84; Wiederabgedruckt in: *M. E.*, Gesammelte Aufsätze zu Adalbert Stifter. Wien 1967, S. 77–84

Wagner-Rieger, Renate: Adalbert Stifter und die bildende Kunst. In: Neue Beiträge zum Grillparzer und Stifter-Bild. Hrsg. vom Institut für Österreich-Kunde. Graz–Wien 1965, S. 136–144

Novotny, Fritz: Stifter und Piepenhagen. In: Vj. 17 (1968), S. 77–92. Wiederabgedruckt in *F. N.*, Über das »Elementare« in der Kunstgeschichte und andere Aufsätze. Wien 1968, S. 115–123

Weiss, Walter: Zu Adalbert Stifters Doppelbegabung. In: Bildende Kunst und Literatur. Hrsg. von W. Rasch. Frankfurt 1970, S. 103–115

Novotny, Fritz: Zu einer »Wolkenstudie« von Adalbert Stifter. In: Mitteilungen der Österr. Galerie Wien 15 (1971), S. 64–73

Jungmair, Otto: Adalbert Stifter als Denkmalpfleger. Linz 1973 (Schriftenreihe 28)

Pfeiffer, Knut E.: Kunsttheorie und Kunstkritik im neunzehnten Jahrhundert. Das Beispiel Adalbert Stifter. Bochum 1977

5.1. Handschriften

Nach dem Tode Stifters kam der wichtigste Teil des Nachlasses, nämlich die Druckvorlagen für fast sämtliche Werke, auf Grund eines Vertrages zwischen Stifters Verleger Gustav Heckenast und seiner Witwe Amalia, zunächst in Heckenasts Verlagsarchiv. Von dort wurde er über Heckenasts zahlreiche Erben in alle Welt zerstreut. Heute liegen Handschriften Stifters in Prag, München, Genf, Linz, und Wien.

Eine sehr reiche Sammlung, vor allem von Briefen, besitzt das *Prager Adalbert Stifter-Archiv,* dessen Gründung 1902 von der »Gesellschaft zur Förderung deutscher Wissenschaft, Kunst und Literatur in Böhmen« beschlossen wurde. Das Stifter-Archiv sammelte Handschriften als Material-Grundlage für die erste historisch-kritische Gesamtausgabe der Stifterschen Werke.

Seitdem die *Bayerische Staatsbibliothek München* 1964 einen großen Fundus von lange verschollenen Handschriften aus dem Nachlaß des jüdischen Sammlers Salman Schocken erwerben konnte, ist München zum Zentrum philologischer Stifter-Forschung geworden. An der Bayerischen Staatsbibliothek ist zur Vorbereitung einer neuen historisch-kritischen Gesamtausgabe eine Stifter-Arbeitsstelle eingerichtet worden. In absehbarer Zeit wird es dort alle zugänglichen Werkmanuskripte und Briefe in Mikrofilm-Kopien geben.

Weitere Handschriften sind im Besitz der »*Fondation Martin Bodmer«* in Cologny bei Genf (u. a. ein großer Teil der Druckvorlagen zum »Witiko«) und des *Adalbert Stifter-Instituts* in Linz. Ebenfalls in Linz, im Oberösterreichischen Landesarchiv, werden die Dokumente und Schulakten aus Stifters Amtstätigkeit aufbewahrt.

Die meisten Briefe von und an Stifter liegen in Prag, außerdem im Stifter-Institut Linz, in der Bayerischen Staatsbibliothek, der Österreichischen Nationalbibliothek, der Stadtbibliothek Wien.

Literatur:

Großschopf, Alois: Adalbert Stifter-Institut des Landes Oberösterreich. Verzeichnis der Sammlungen. Linz 1959 ff.
Hofmann, Alois: Die Sammlungen des Prager Adalbert Stifter-Archivs. In: Vj. 11 (1962), F. 3/4, S. 61–169
Hüller, Franz: Wo befinden sich die Handschriften Adalbert Stifters? In: Vj. 12 (1963), S. 61–169
Landthaler, Wolfgang: Münchener Stifter-Handschriften. In: Literaturwiss. Jahrbuch der Görres-Gesellschaft. N. F. 8 (1967), S. 119–156
ders.: Münchener Stifter-Handschriften (II). In: Literaturwiss. Jahrbuch der Görres-Gesellschaft. N. F. 10 (1969), S. 109–160
Bergner, Helmut: Ein Notizheft Adalbert Stifters. In: Bibliotheksforum Bayern. Hrsg. von der Generaldirektion der Bayerischen Staatlichen Bibliotheken. München 2 (1975), S. 41–43

5.2. Ausgaben

Im Jahre 1899 lief die Schutzfrist für Stifters Werke ab. Noch im gleichen Jahr beschloß die »Gesellschaft zur Förderung deutscher Wissenschaft, Kunst und Literatur in Böhmen« die Erstellung einer historisch-kritischen Gesamtausgabe. Die sogenannte »Prag-Reichenberger Ausgabe« (nach den Erscheinungsorten) wurde unter der Leitung von *August Sauer* begonnen und von Gustav Wilhelm und Franz Hüller fortgeführt. Ihr Erscheinen zog sich über einen ungewöhnlich langen Zeitraum hin. Von 1904–1939 erschienen 23 Bände. Bd. XIII, dessen gedruckte Bestände im Krieg verloren gegangen waren, kam erst 1958/60 in zwei Halbbänden heraus. Bd. XXV, der »Gedichte, die kleinen Erzählungen, Entwürfe zu Selbstbiographien, Julius, Tagebücher, Biographisches, textkritisches Material« enthalten sollte, ist nie erschienen. Einige Bände liegen in einer zweiten, zum Teil erweiterten und verbesserten Auflage vor.

Diese Ausgabe ist heute überholt. Zu einer Reihe von Werken fehlt der textkritische Apparat. Nach Anlage, Textgestaltung und im Kommentar genügt sie modernen wissenschaftlichen Ansprüchen nicht mehr. So wurden darin die Journalfassungen der »Studien«-Erzählungen (die sogenannten »Urfassungen«) noch als Varianten im textkritischen Apparat verzettelt. Außerdem ist inzwischen neues Quellenmaterial erschlossen worden.

An einer neuen historisch-kritischen Gesamtausgabe der Werke und Briefe wird zur Zeit gearbeitet. Dieses Projekt, das 1968 auf dem Stifter-Symposium in Bad Hall beschlossen wurde, wird gemeinsam von deutschen und österreichischen Stellen finanziert. Band 1.1 (Journalfassungen der »Studien«) ist 1978 erschienen. Bis diese Ausgabe abgeschlossen ist, müssen neben der Prag-Reichenberger Ausgabe die verschiedenen Werk- und Einzelausgaben benutzt werden. Hervorgehoben werden soll hier nur *Max Stefls* 9bändige Ausgabe bei Adam Kraft in Augsburg (1953 f.), in der zum erstenmal sämtliche Urfassungen abgedruckt sind. Über Auswahl und Textgestaltung der Werkausgaben informiert Seidlers Forschungsbericht (1972), S. 116 ff.

Literatur:

Adalbert Stifter: Sämmtliche Werke. Begründet und herausgegeben mit anderen von *August Sauer.* Prag 1904 ff.; Reichenberg

1927 ff.; Graz 1958/60 (Bd. XIII/1, 2); zitiert als SW. – Einige Bände erschienen in 2. bearbeiteter Auflage. Angaben dazu bei Eisenmeier (1964), Nr. 227. – Nachdruck der Ausgabe: Hildesheim 1972.

Adalbert Stifter: Werke und Briefe. Historisch-kritische Gesamtausgabe. Hrsg. von *Alfred Doppler* und *Wolfgang Frühwald.* Etwa 38 Bände. Stuttgart 1978 ff.

Bisher erschienen: Bd. 1,1 (Studien, Journalfassungen)

Vorgesehener Plan der Ausgabe:

Hauptreihe		*Ergänzungsreihe*	
1	Studien	1	Stifter und Aprent: Lesebuch
1(1–3)	Journalfassungen		
1(4–6)	Buchfassungen	2	Gemälde und Zeichnungen
1(7)	Apparat		
2	Bunte Steine	3	Lebenschronik
2(1)	Journalfassungen	4	Wortkonkordanz
2(2)	Buchfassungen	5	Bibliographie
2(3)	Apparat		
3	Erzählungen		
3(1)	Frühe Erzählungen		
3(2)	Späte Erzählungen		
3(3)	Apparat		
4	Der Nachsommer		
4(1)	Text		
4(2)	Apparat		
5	Witiko		
5(1)	Text		
5(2)	Apparat		
6	Die Mappe meines Urgroßvaters		
6(1)	Text		
6(2)	Apparat		
7	Gedichte		
8(1–3)	Schriften		
9(1–3)	Schulakten		
10	Autobiographische Aufzeichnungen, Dokumente zu Leben und Werk		
11(1–5)	Briefe von Stifter		
11(6)	Briefe an Stifter		

Adalbert Stifter. Werke und Briefe. Hrsg. von *Fritz Krökel* und *Magda Gerken.* 5 Bde. München 1949–54 (seitdem mehrere Neuauflagen)

Adalbert Stifter. Gesammelte Werke. Hrsg. von *Max Stefl.* 9 Bde., Darmstadt Wiss. Buchgesellschaft 1960–63 (Lizenz der Ausgabe des Adam Kraft-Verlages Augsburg 1953 ff.)

Adalbert Stifter. Gesammelte Werke. Hrsg. von *Max Stefl*. 6 Bde. Frankfurt (Insel) 1959 (geht zurück auf die Insel-Ausgabe von 1939)

Adalbert Stifter. Gesammelte Werke in 14 Bänden. Hrsg. von *Konrad Steffen*. Basel und Stuttgart (Birkhäuser) 1962 ff.

Wilhelm, Gustav: Die Prager Stifter-Ausgabe. In: G. W., Begegnung mit Stifter. München 1943, S. 213–222

Enzinger, Moriz: Um den Stifter-Text. Bemerkungen anläßlich der Insel-Ausgabe von A. Stifters Gesammelten Werken, hrsg. von Max Stefl. In: Vj. 9 (1960), S. 121–128

Bergner, Helmut: Zur Ankündigung eines Reprints der Prag-Reichenberger Stifter-Ausgabe. In: Vj. 21 (1972), S. 49–51

5.3. BIBLIOGRAPHIEN, ZEITSCHRIFTEN

Seit 1952 besteht als Gründung der oberösterreichischen Landesregierung das *Adalbert Stifter-Institut in Linz*. Das Institut sammelt Stifter-Ausgaben und Sekundärliteratur und gibt eine Schriftenreihe mit Arbeiten von und zu Stifter heraus, außerdem seit 1952 eine Vierteljahrsschrift, der man nur vorwerfen kann, daß sie zu oft erscheint und deshalb zu viele unerhebliche Beiträge enthält. Sie ist aber doch eine wichtige Informationsquelle und bringt laufend bibliographische Hinweise, die die Bibliographien von *Eisenmeier* (1964, 1971) ergänzen. Andere zeitweilig erschienene Stifter-Almanache, Jahrbücher, Periodica sind wissenschaftlich nicht von Belang.

Eisenmeier, Eduard: Adalbert Stifter-Bibliographie. Linz 1964 (Schriftenreihe 21)

ders.: Adalbert Stifter-Bibliographie. 1. Fortsetzung. Linz 1971 (Schriftenreihe ... 26)

ders.: Adalbert Stifter-Bibliographie. 2. Fortsetzung. Linz 1978 (Schriftenreihe 31)

ders.: Adalbert Stifter bei den Tschechen in Übersetzungen und wissenschaftlichen Abhandlungen. In: Vj. 6 (1957), S. 46–53

Reichart, W. A./Grilk, W. H.: Stifters Werk in Amerika und England. Eine Bibliographie. In: Vj. 9 (1960), F. 1/2, S. 39–42

Yoneda, Takashi: Stifters Werk in Japan. Eine Bibliographie. In: Vj. 12 (1963), S. 64–66

Die Bibliographie der Veröffentlichungen zum 100. Todestag. In: Vj. 18 (1969), F. 1/2, S. 52–71

Großschopf, Alois: Adalbert Stifter-Institut des Landes Oberösterreich. Verzeichnis der Sammlungen. Linz 1959 ff.

ders.: Das Adalbert Stifter-Institut des Landes Oberösterreich. In: Jahrbuch für Internationale Germanistik 8 (1976), F. 1/2, S. 172–175

Adalbert Stifter-Institut des Landes Oberösterreich. Vierteljahrsschrift. Graz, Wien, München, später: Linz 1952 ff.
Schriftenreihe des Adalbert Stifter-Institutes des Landes Oberösterreich. Graz, Wien, München, Nürnberg, später: Linz 1952 ff.

5.4. Briefe, Briefwechsel, persönliche Beziehungen

1866 korrespondierte Stifter mit Heckenast über eine posthume Ausgabe seiner *Briefe,* die er selbst zusammenstellen wollte: »Ich möchte [...] noch bei meinen Lebzeiten meine Briefe sammeln, und diejenigen bezeichnen, gegen deren Veröffentlichung ich nichts einwende« (17. 3. 1866; SW XXI, 172). Er wollte damit verhindern, daß sein Bild »durch den Eifer der Veröffentlicher [...] verwischt und verneblicht« werde, wie es Größeren als ihm geschehen sei, obwohl er der Welt seine Fehler und Schwächen keineswegs verheimlichen wolle. Heckenast ließ sich damals auf Stifters Angebot, das dieser natürlich honoriert haben wollte, nicht ein. Nach Stifters Tod hat *Johannes Aprent* die erste Briefausgabe zusammengestellt und bearbeitet (1869): Er »ließ weg, was ihm selbst anstößig erschien oder seiner Meinung nach bei den Lesern Anstoß erregen mußte, ersetzte die vom Herkömmlichen abweichende Rechtschreibung Stifters durch die übliche und bot einen vielfach durch irrige Lesungen entstellten und verstümmelten Text« (SW XVII, XIII f.). Überzeugt, im Sinne Stifters zu handeln, hat sich Aprent zu seinen Korrekturen mit einer gewissen Naivität bekannt. Daß er damit fälschte, kam ihm nicht in den Sinn. Vor allem meinte er, Stifters Wesen erscheine in seinen Briefen »zu sehr ins Weichliche gezogen«. »Ich habe daher, wo es, ohne *Wesentliches* zu treffen, geschehen konnte, manche Stelle ein klein wenig geändert, hie und da auch einen Brief ganz beseitigt« (zit. SW XXIV, XXVIII f.). Dagegen sind die Eingriffe aus politischen Rücksichten, für die Stifter ohnehin nicht viel Grund gab, noch verhältnismäßig harmlos, zeigen freilich auch, daß man sich die Leute, mit denen Stifter umging, gar nicht ängstlich und eng genug vorstellen kann, wenn schon Aprent als liberal gesinnter Mann galt, der etwa in Stifters brieflicher Begeisterung für die österreichische Kaiserin etwas nicht ganz Schickliches vermuten konnte: »Ich weiß wirklich nicht, in wie weit es erlaubt ist, von allerhöchsten Frauen Schmeichelhaftes zu sagen« (zit. SW XXIV, XXIX). Auch noch *Gustav Wilhelm,* der die Briefbände der SW besorgte, hat pietätsvoll einzelne Stellen aus den Jugendbriefen unterschlagen.

Vollständig wurden sie erst 1954 von *Moriz Enzinger* aus dem Nachlaß von Wilhelm, der diese Ausgabe vorbereitet hatte, herausgegeben. Briefe an Stifter sind in den SW (Bd. XXIII/XVI) zum größten Teil gekürzt, bzw. in Regesten wiedergegeben.

Stifter hat als Briefschreiber nach Kräften an einem würdigen Denkmal seiner selbst gearbeitet, praktisch von dem Moment an, wo er als Schriftsteller an die Öffentlichkeit trat. Nur die Jugendbriefe fügen sich nicht recht in diesen Entwurf und ihre vollständige Veröffentlichung erschreckte deshalb diejenigen, die ihn für lebensecht gehalten hatten: Stifter, ein Mensch von »unvertilgbar gutem Herzen«, ein Prediger ewiger sittlicher Werte, ein vorbildlicher Ehemann und Untertan, ein Dichter aus Goethes Verwandtschaft (»Göthe, mit dem ich schier all mein geistiges Wesen außer seiner Größe gemein habe«), ein von der engen und bornierten Kleinstadt-Umwelt verkanntes Genie, ein »moralisch Gekreuzigter«. Für diese letzte Rolle, die er in seiner immer einsamer werdenden späten Zeit besonders hervorkehrt, hatte er in dem Astronomen Johannes Kepler, der wie er einst Linzer Bürger gewesen war, einen Vorläufer gefunden. Diese Entwürfe werden begleitet von ständigen Klagen – Klagen über Geldsorgen, die Last des Amtes, die Verständnislosigkeit der Umwelt, den Lauf der Welt und vor allem über Krankheitsleiden. Darin liegt wohl das Weichliche, das Aprent aus Stifters Briefen herausspürte. Stifter hatte einen zwanghaften Hang zur Selbstrechtfertigung. Er konnte sich nicht als menschlich fehlbare Person bekennen, bzw. gesteht diese Fehlbarkeit stets nur prinzipiell als allen Menschen eigene zu. Deshalb haben seine Briefe – vielleicht gerade weil sie einen so hohen sittlichen Anspruch erheben – sehr oft etwas Unaufrichtiges.

Stifters wichtigster Korrespondent und Zuhörer war sein Verleger *Gustav Heckenast*. Im Alter verglich der Dichter diesen Briefwechsel bzw. die sich darin ausdrückende Beziehung gern mit dem zwischen Goethe und Schiller, natürlich wiederum abzüglich der Größe. Leider sind sämtliche Briefe Heckenasts verloren, doch kann man annehmen, daß sie auf Stifters Ton gestimmt waren. Die zahlreichen Briefe *Louise von Eichendorffs*, einer Schwester des Dichters, sind dagegen erhalten. Sie war neben Heckenast die einzige, mit der Stifter bis zu seinem Tode ziemlich regelmäßig korrespondiert hat. Beiden trug er im Alter brieflich das Freundes-Du an. Louise von Eichendorff hatte die Korrespondenz 1852 mit einem Brief eingeleitet, in dem sie sich als Verehrerin der »Studien« bekannte. Sie war eine sonderbare, unglückliche, in ihrer Verworrenheit rührende Frau, die sich den einsamen Figuren der Stifterschen Erzählungen seelenverwandt fühlte. Mit ihren beharrlichen Versuchen, Stifter zum Zugeständnis seines eigenen Leidens an der Welt zu bringen, das seine Dichtungen so deutlich aussprachen, hatte sie wenig Glück. Stifter versagte ihr diese Gemeinsamkeit bis auf einen Brief vom 2. 6. 1857, in dem es heißt, daß er nun beinahe im Ernste sagen könnte, was sie ihm sonst immer nur angedichtet hätte: »Louise, ich bin unglücklich.« Meist aber predigte er ihr Freudigkeit und Lebensmut. »Nun ich habe anstatt einer *gleich gestimmten Seele* einen *treuen theilnehmenden Freund* gefunden, welcher mit himmlischer Geduld und Nachsicht alle Versuche zu meiner Heilung macht, während er im Innern doch überzeugt sein mag, daß es nicht meine Kränklichkeit ist, die mir schwarze Flöre vor die Augen zieht, sondern daß man die ganze Welt verschleiern müßte um sie nicht für ein Jammerthal zu halten« (8. 1. 1859; SW XXIII, 227). Wie sehr Stifter mit der leidfreien »Nachsommer«-Welt seine eigene Natur verleugnete, hat sie wohl genauer durchschaut, als irgendein anderer zeitgenössischer Leser des Werkes. Sie starb im Irrenhaus.

Zur Freundschaft gehört Intimität. Weil Stifter dazu wohl nicht fähig war, hatte er – jedenfalls in seinem späteren Leben – keine Freunde, aber eine Reihe von guten Bekannten, mit denen er in gemessener Herzlichkeit verkehrte. Am literarischen Leben seiner Zeit nahm er nicht teil, mit Schriftsteller-Kollegen hatte er nur in den Wiener Jahren oberflächlich Umgang. Einer Reihe von Dichterinnen – meist befreundeten Damen der guten Gesellschaft, die literarisch dilettierten – war er bei ihren poetischen Versuchen ein freundlicher, ängstlich um Schonung bemühter Ratgeber (Betty Paoli, Elise Polko, Emilie von Binzer, Marie von Hrussoczy). *Franz Grillparzer* war der einzige lebende und bedeutende Dichter, von dem Stifter stets nur Gutes gesagt hat. Er lernte ihn in seiner Wiener Zeit kennen, hat aber nicht mit ihm korrespondiert. Zu Grillparzers 70. Geburtstag schickte Stifter einen Glückwunsch-Brief, in dem er von dem häuslichen Unglück erzählte, das ihn kurz zuvor mit dem Selbstmord der Ziehtochter Juliana betroffen hatte – eine überraschend vertraute Mitteilung, die wohl eine Ehrung für den Empfänger bedeutet. Grillparzer hat ihm sofort darauf geantwortet und ihn gleichsam getröstet mit dem eigenen noch größeren Unglück der Empfindungslosigkeit:

»Sie haben sich wenigstens die Erregbarkeit der Empfindung bewahrt, indes ich mich abhärte und manchmal vor mir selbst erschrecke, so stumpf bin ich geworden. Die Poesie hat mich verlassen, wie schon früher die Musik, und ich bin wie ein vormals wohlhabender Mann, der sein Vermögen im Börsespiel verloren« (17. 1. 1860; SW XXII, 266).

Literatur:

Adalbert Stifter. Briefe. Hrsg. von *J. Aprent.* 3 Bde. Pest 1869
SW XVII–XXIV (XXIII/XXIV Briefe an Stifter)
Buchowiecki, Josef: Adalbert Stifters Briefwechsel. Eine Ergänzung zur Prag-Reichenbacher Gesamtausgabe. In: Vj. 14 (1965), F. 1/2
Wilhelm, Gustav: Adalbert Stifters Jugendbriefe (1822–1839). In ursprünglicher Fassung aus dem Nachlaß herausgegeben und mit einer Einleitung versehen von Moriz Enzinger. Graz 1954 (Schriftenreihe 6)

Ausgewählte Briefe und Dokumente:

Ein Dichterleben aus dem alten Österreich. Ausgewählte Briefe. Hrsg. und eingeleitet von *Moriz Enzinger.* Innsbruck 1947
Privat, Karl: Adalbert Stifter. Sein Leben in Selbstzeugnissen, Briefen und Berichten. Berlin 1946
Adalbert Stifters Leben und Werk in Briefen und Dokumenten. Hrsg. von *K. G. Fischer.* Frankfurt 1962
Bertram, Ernst: Nietzsche, die Briefe Adalbert Stifters lesend. In: Adriadne. Jahrbuch der Nietzsche-Gesellschaft. München 1925, S. 7–26
Bachfeld, Hanns-Ludwig: Adalbert Stifter in seinen Briefen. Reprogr. Nachdruck der Ausgabe Frankfurt/Main 1937. Hildesheim 1973
Horcicka, Adalbert: Die Beziehungen Adalbert Stifters zu der Familie Kaindl. In: Mitt. d. Ver. f. Geschichte der Deutschen in Böhmen. 37 Jg. (1899), S. 324–336
Schlossar, Anton: Adalbert Stifter und Mariam Tenger. In: Deutsche Arbeit. Monatsschrift für das geistige Leben der Deutschen in Böhmen. 4. Jg., Prag 1904/5, H. 12, S. 764–778
Kosch, Wilhelm: Luise Freiin von Eichendorff in ihren Briefen an Adalbert Stifter. Würzburg 1940. 2. erw. Auflage Nymwegen 1948
Morton, Friedrich: Adalbert Stifter und Friedrich Simony in Hallstadt. In: Adalbert Stifter-Almanach 1941/42, S. 41–63
Bardachzi, Karl: Andreas Freiherr von Baumgartner als Vorbild und Wegweiser Adalbert Stifters. In: Österreichische Akademie der Wissenschaften. Phil. hist. Klasse, Anzeiger 87 (1950), S. 523–543
Commenda, Hans: Franz Stelzhamer und Adalbert Stifter. In: Vj. 1 (1952), S. 49–68

Bianchi, Johanna: Theobald Freiherr von Rizy und Adalbert Stifter. In: Vj. 2 (1953), S. 9–23
Wilhelm, Gustav: J. M. Kaiser, ein vertrauter Freund Adalbert Stifters. In: Adalbert Stifter-Almanach 1953, S. 13–32
Krökel, Fritz: Stifters Freundschaft mit dem Alpenforscher Friedrich Simony. In: Vj. 4 (1955), S. 97–117
Buchowiecki, Josef: Adalbert Stifter im Briefwechsel der Emilie Freifrau von Binzer mit ihren Freunden. In: Vj. 8 (1959), S. 35–40
Fink, Franz: Adalbert Stifter und Johann Rint. In: Vj. 8 (1959), S. 115–120; dazu *K. G. Fischer* in Vj. 9 (1960), S. 25–33
Schöny, Heinz: Neues zum Briefwechsel Stifters mit Marie von Hrussoczy. In: Vj. 15 (1966), F. 1/2, S. 52–57
Zinck, Karl Hugo: Betty Paoli und Adalbert Stifter. 30. 12. 1815–5. 7. 1894. In: Vj. 22 (1973), S. 121–132
ders.: Karl von Hippel und Adalbert Stifter. Linz 1973 (Schriftenreihe 27)
Bergner, Helmut: Adalbert Stifter und Andreas Obsieger. In: Vj. 24 (1975), S. 47–57
Zacharasiewicz, Traute: Die Dichterin Emilie von Binzer und der Linzer Literaturkreis der Stifterzeit. In: Historisches Jahrbuch der Stadt Linz, 1976, S. 79–148
Amann, Klaus: Stifter und Heckenast. Literarische Produktion zwischen Ästhetik und Ökonomie. In: Vj. 27 (1978), F. 1/2, S. 47–58

5.5. Biographien

Stifters *autobiographisches Fragment,* entstanden etwa ein Jahr vor seinem Tode, setzt zu einer inneren Biographie an. In visionären Bildern wird das Erwachen des Bewußtseins rekonstruiert: Aus noch ungeformten, vorsprachlichen Eindrücken und Empfindungen bilden sich die ersten klaren Erinnerungsbilder heraus, danach komplexere Eindrücke bis zur zusammenhängenden Erzählung. Nach wenigen Seiten bricht diese Suche nach den Ursprüngen ab, die zu dem Großartigsten gehört, was Stifter je geschrieben hat.

Die ersten Biographien stammen von Verehrern und Freunden des Dichters. Der junge Lehrer *Heinrich Reitzenbeck* ließ sich das Material zu seiner nach der Konvention verklärenden und harmonisierenden »Biographischen Skizze« (1853) von Stifter erzählen, vielleicht hat er sich sogar diktieren lassen. *Johannes Aprent,* Lehrer an der Linzer Realschule, Mitarbeiter und Nachlaßverwalter Stifters, stellte seiner Ausgabe von Stifters Briefen (1869) einen respektvollen Lebenslauf voraus, der pietätvoll verschwieg, was das Andenken des Verstorbenen etwa hätte schädigen können, aber doch durch die persönlichen Erinnerungen und Eindrücke des Verfassers von großem Interesse ist. 1904 erschien dann die schon Jahrzehnte früher entstandene 2bändige Stifter-Biographie des Malers und Geographen *Alois Raimund Hein,* ein großer Verehrer des Dichters schon zu einer Zeit, als sich noch verhältnismäßig wenig Leute für ihn interessierten und sich deshalb auch ein Verleger für seine Lebensbeschreibung nicht fand. Hein, in der Sekundärliteratur vielfach als Stifter-Prophet geführt, hat Stifter persönlich nicht mehr gekannt, aber von dem Besuch bei seiner Witwe Amalia eine eindrucksvolle Beschreibung geliefert. Die Materialfülle, die er zusammentrug, breitete er gleichsam demokratisch vor dem Leser aus – bis dahin unbekannte Texte Stifters, seine bevorzugte Zigarrenmarke und alles das, was er über seinen Tod in Erfahrung gebracht hatte. Bei aller Verehrung für seinen Dichter ist Heins Biographie doch unvoreingenommener und vernünftiger, als die meisten, die folgten, und lebendiger ist sie auch.

Das Gattungsmerkmal der meisten späteren und aus Heins Reichtum schöpfenden Biographien hat *Lunding* ihr »Überwechseln in die Grammatik reiner Fiktionskunst« genannt. Mit anekdotischen Ausschmückungen »ohne kleinliches Schielen nach Verifizierbarkeit« (Lunding) und romanähnlichen Erfindungen um Stifters Liebes- und Eheleben wollte man seiner verschlossenen Natur, seinem ereignisarmen, gleichförmigen, in bürgerlichen Konventionen befangenen Leben Farbe und Interesse geben, doch wird oft eine eher peinliche Anbiederung daraus. Auch *Urban Roedls* an sich brauchbare Biographien (1936; 1965) kranken etwas daran. Wie interessant die komplizierte und problematische Persönlichkeit Stifters ist, auch ohne jede Ausschmückung, haben *K. G. Fischers* »Psychologische Beiträge zur Biographie« (1961) gezeigt, der »erste, ganz unvoreingenommene Versuch, die Wahrheit über einzelne Aspekte von Stifters Leben zu sagen« (Stern 1964, 380). Das »unvoreingenommen« bezieht sich auf den Hang zur Verklärung ihres Autors, der die Stifter-Literatur generell charakterisiert und also auch die biographische. Weil nicht sein kann, was nicht sein darf, wurden widerständige Fakten oder auch Meinungen oft mit großer Heftigkeit, aber selbstverständlich immer im Namen der Wissenschaft abgewehrt. Die Auseinandersetzung um Stifters Tod, bei der sich Gegner und Befürworter der »Selbstmordthese« sozusagen selber mit dem Messer gegenüberstanden, ist dafür ein besonders deutliches Beispiel. Es gibt immer noch Stifter-Foscher, die einem, der von Stifters Selbstmord spricht, erregt Unwissenschaftlichkeit vorwerfen – was zumindest als Abkürzung doch wohl erlaubt sein müßte. Der Versuch, Unpassendes nach Möglichkeit zu verschweigen bzw. zu verdrängen, hatte zur Folge, daß Entdeckungen (oder vermeintliche Entdeckungen) wie *Gugitz'* Spekulationen um ein uneheliches Kind Stifters als eine Art von Sensationsmeldung vorgetragen wurden (»Das Geheimnis um Amalie«).

Literatur:

Stifter, Adalbert: Autobiographisches Fragment. Abgedruckt in: *K. G. Fischer,* Adalbert Stifters Leben und Werk in Briefen und Dokumenten. Frankfurt 1962, S. 678–682

Reitzenbeck, Heinrich: Adalbert Stifter. Biographische Skizze. In: Libussa. Jahrbuch 12 (1853), S. 317–329; Wiederherausgegeben von *Max Stefl,* München 1948
Aprent, Johannes: Adalbert Stifter. Eine biographische Skizze. In: *Adalbert Stifter,* Briefe Bd. 1, Pest 1869. Wiederherausgegeben von *Moriz Enzinger,* Nürnberg 1955
Hein, Alois Raimund: Adalbert Stifter. Sein Leben und seine Werke. Prag 1904; 2. Auflage Wien, Bad Bocklet, Zürich 1952
Roedl, Urban: Adalbert Stifter. Geschichte seines Lebens. Berlin 1936; 2. bearbeitete Auflage Bern 1948
ders.: Adalbert Stifter in Selbstzeugnissen und Bilddokumenten. Hamburg 1965 (rowohlts monographien)
Blackall, Eric A.: Adalbert Stifter. A Critical Study. Cambridge 1948
Fischer, K. G.: Adalbert Stifter. Psychologische Beiträge zur Biographie. In: Vj. 10 (1961), F. 1/2
Großschopf, Alois: Adalbert Stifter. Leben, Werk, Landschaft. Linz 1968 (Bildband)

Enzinger, Moriz: Adalbert Stifters Studienjahre (1818–1830). Innsbruck, Augsburg 1950
Jungmair, Otto: Adalbert Stifters Linzer Jahre. Ein Kalendarium. Graz, Wien 1958 (Schriftenreihe 7)

Markus, Andreas: Der Tod Adalbert Stifters. Berlin 1934 (Germanische Studien 154)
Bindtner, Josef/Speiser, Friedrich: Aus Adalbert Stifters Wiener Zeit. (Wohnungen, Lebensdokumente, Malwerke). In: Adalbert Stifter-Almanach 1938, S. 49–71
Rosenberger, Ludwig: Adalbert Stifter und die Lackenhäuser. Hamburg 1948; Neuausgabe unter dem Titel: Adalbert Stifter und der

Bayerische Wald. Bearbeitet und hrsg. von *E. Dünninger.* München 1967

Karell, Viktor: Adalbert Stifters Karlsbader Tage. In: Stifter-Jahrbuch 2 (1951), S. 60–77

Enzinger, Moriz: P. Placidus Hall, Stifters Lehrer. In: Vj. 2 (1953), S. 535–537. Wiederabgedruckt in: *M. E.,* Gesammelte Aufsätze zu A. S., Wien 1967, S. 48–53

Jungmair, Otto: »Dichtung« und Wahrheit. Zur Klärung des »Geheimnisses um Juliane«. In: Vj. 2 (1953), S. 67–82

Gugitz, Gustav: Das Geheimnis um Amalie. In: Vj. 2 (1953), S. 94–101

Jungmair, Otto: Neue Zeugnisse um Amalie und Juliane. In: Vj. 4 (1955), S. 37–43

Fink, Franz: Stammtafel Adalbert Stifters. In: Vj. 4 (1955), S. 72–92

Enzinger, Moriz: Adalbert Stifter, und Kremsmünster. In: Jahresbericht des Gymnasiums Kremsmünster 1956, S. 7–15; Wiederabgedruckt in: *M. E.,* Gesammelte Aufsätze zu Adalbert Stifter. Wien 1967, S. 35–47

Jungmair, Otto: Adalbert Stifters Linzer Wohnung. Graz 1958

Markus, Andreas: Neue Zeugnisse über Stifters Tod. In: Euph. 51 (1957), S. 448–451; erw. Wiederabdruck in: Vj. 8 (1959), S. 19–34

Augustin, Hermann: Adalbert Stifters Krankheit und Tod. Eine biographische Quellenstudie. Basel, Stuttgart 1964

Enzinger, Moriz: Adalbert Stifters Bewerbungen um ein Lehramt. In: Historisches Jahrbuch der Stadt Linz 1967, S. 319–355

ders.: Ein Gesuch A. Stifters um Verleihung einer Adjunktenstelle an der Universität Wien. In: *M. E.,* Gesammelte Aufsätze zu A. S., Wien 1967, S. 9–14

Kaiser, Michael: Stifters Dichtung als Quelle für die Erforschung seiner Kindheit und Jugend. In: Zur Literatur der Restaurationsepoche 1815–1848. Friedrich Sengle zum 60. Geburtstag. Hrsg. von Jost Hermand und Manfred Windfuhr. Stuttgart 1970, S. 561–580

Kienesberger, Konrad: 1200 Jahre Benediktinerstift Kremsmünster und Adalbert Stifter. In: Vj. 26 (1977), F. 3/4, S. 85–94

Streitfeld, Erwin: Aus Adalbert Stifters Bibliothek. Nach den Bücher- und Handschriften-Verzeichnissen in den Verlassenschaftsakten von Adalbert und Amalie Stifter. In: RaabeJb 1977, S. 103–148

6.1. Wirkung, Rezeption, Forschung

Die für die Forschung wichtigen und nützlichen Arbeiten der Stifter-Philologen und Historiker – stellvertretend sei hier *Moriz Enzinger* mit seinen zahlreichen Veröffentlichungen genannt – fallen in dieser skizzenhaften, vorwiegend kritisch ausgerichteten Darstellung sozusagen unter den Tisch. Sie sollen aber doch wenigstens grundsätzlich gewürdigt werden. Jeder, der sich mit Stifter-Literatur länger beschäftigt, wird dankbar dafür sein, daß es sie gibt.

Die meisten Arbeiten, die bis gegen Ende der fünfziger Jahre über Stifter geschrieben worden sind, haben bekenntnishaft-erbaulichen Charakter. Sie können sich damit sogar auf den Autor berufen – Stifter selbst wollte seine Werke ja ausdrücklich als sittliche Offenbarungen verstanden wissen. Was ist daran so ärgerlich, abgesehen einmal davon, daß man sich von Arbeiten, die Forschungsbeiträge sein wollen, Erkenntnisse und (oder) Informationen wünschte und nicht Predigten, die durch Wiederholungen ermüden? An sich ist ja die poetische Beglückung und moralische Besserung des Lesers nicht verächtlich und lächerlich, im Gegenteil. Wenn Peter Rosegger, einer der ersten Stifter-Jünger, schreibt: »Man labt sich an der Milde, Ruhe und Liebe und man wird im Lesen von Stifters Schriften ein besserer Mensch« (zit. Haslinger 1955, 50), dann spricht er von einer Wirkung, auf die Stifter hätte stolz sein können. Anders wird die Sache, wenn solche privaten Leseerlebnisse Allgemeingültigkeit beanspruchen und alle diejenigen, die Stifter auf solche Weise nicht lesen können oder mögen, moralisch diffamiert werden: »Doch, sie mögen sagen, was sie wollen, die Kläffer, Stifter ist und bleibt groß und herrlich in alle Ewigkeit« (Rosegger, zit. Haslinger 1955, 30). Leider ist die Haltung, die in diesem Satz zum Ausdruck kommt, charakteristisch für einen großen Teil der Stifter-Literatur. Eine aggressive Empfindlichkeit gegen Kritik an Stifter (oder das, was man dafür hält) färbt auch heute noch sogar Arbeiten, deren Verfasser selbst über die Masse des Erbaulichen klagen – eine Klage, um die niemand herum kommt, der sich mit Stifter und seinen Interpreten beschäftigt. Kritik wird im Namen eines »rechten Verstehens« der Stifter-Texte abgewiesen – die Anklänge an die Bibel-Hermeneutik sind deutlich. Wie eng die Grenzen dieses Verstehens gezogen sind, sollen die folgenden Beispiele aus den Forschungsberichten von *Lunding* (1955) und *Seidler* (1972) zeigen. Lundings Forschungsbericht übrigens ist im Kontext der Stifter-Forschung schon ausgesprochen kritisch.

»Nach unserer Ansicht geht ein Kritiker wie Max Rychner zu weit, wenn er in seinem anregenden Essay ›Der Nachsommer‹ etwa von der ›ins Fibelhafte gesteigerten Bravheit‹ Heinrich und Nataliens spricht« (Lunding 1955, 237).

»J. P. Stern findet leider keinen rechten Zugang zu Stifter« (Seidler 1972, 125). Seidlers Bedauern bezieht sich auf den Aufsatz »Propitiations: Adalbert Stifter« (1964), eine kluge, gut geschriebene und knappe Gesamtdarstellung des Stifterschen Werkes. Worauf gründet sich sein Urteil? Seidlers Referat der Sternschen Thesen: »Echte realistische Kunst sei Erfüllung der sozialen Gegebenheiten, die deutsche Erzählkunst aber betrachte nur die Einzelseele, und Stifter sei da die Höhe. Der ›Nachsommer‹ sei sogar der Wegbereiter der wilhelminischen Ära« (125). Bei solchen Ansichten (zum Teil übrigens Unterstellungen bzw. Mißverständnisse Seidlers) muß dann natürlich auch alles andere ganz verkehrt werden: »So geht Stern auch an der Aufbaukunst Stifters vorbei, sieht das Verhältnis von Mensch und Natur nicht richtig und rückt auch Stifters Dingauffassung ins falsche Licht« (125). Unbeholfen wie die Argumentation ist, wird doch deutlich, worauf es in ihr ankommt: *Stern* von Fragestellungen, die auch den politisch-sozialen Kontext des Stifterschen Werkes einschließen, in die Werkimmanenz zurückzulenken. Eben diese erklärt unpolitische Haltung hat Stern der deutschsprachigen Stifter-Kritik in einem kurzen Forschungsüberblick zum Vorwurf gemacht. Sie ist freilich überhaupt charakteristisch für die deutsche Germanistik in diesem Jahrhundert: »By and large, Stifter is regarded as the non-political writer par excellence, while at the same time many of the criticisms of his work follow more or less closely the course of German political history« (Stern 1964, 361).

Für das zeitgenössische Publikum, für Bewunderer und Kritiker gleichermaßen, war Stifter der Dichter der »Studien« und vielleicht noch der Weihnachtsgeschichte »Bergkristall« aus den »Bunten Steinen«, war er der poetische Landschaftsmaler, Kleinkünstler und fromme Idylliker. *Hebbel*, in der Stifter-Literatur immer wieder beschworen als Erzfeind Stifters, auf den letztlich alle böswillige Kritik zurückzuführen sei, geht in seiner Polemik gegen die »alten und die neuen Naturdichter« und das »Komma im Frack« mit Selbstverständlichkeit von dieser Übereinkunft aus, ebenso wie etwa *Gottfried Keller,* der Stifter herablassend einen Tüftler nannte. Die späten Romane sind wenig gelesen und überwiegend kritisch besprochen worden. Selbst ihre überzeugtesten Verehrer waren dem Publikumsgeschmack in ihrer Beurteilung immer noch näher, als sie selbst glaubten. Als Stifters Verleger *Gustav Heckenast* es 1877 mit einer zweiten Auflage des »Nachsommer« versuchte, kürzte er den Roman zuvor eigenhängig um »Umständlichkeiten und Weitschweifigkeiten«. Die seien sowieso nur ein Zeichen von Altersschwäche, weshalb Stifter selbst Kürzungen gebilligt, ja gewünscht haben würde. »Im ›Wittiko‹ könnte ich Kürzungen eher verschmerzen« (zit. Haslinger 1955, 35) meinte *Rosegger,* dessen Briefwechsel mit Heckenast im Zeichen der gemeinsamen Stifter-Verehrung stand, war aber dann doch mit dem bearbeiteten »Nachsommer« sehr zufrieden. Den erhofften Erfolg beim Publikum hatte auch diese Fassung nicht.

Die ersten größeren Essays über Stifter stammen von dem seinerzeit vor allem als Goetheforscher bekannten *F. Th. Bratanek* (1863) und von den Literaten und Kritikern *Rudolf Gottschall* und *Emil Kuh* (1868). Wenn ich im folgenden Hauptgedanken dieser Arbeiten knapp charakterisiere, dann darum, weil sie von der Stifter-Literatur dieses Jahrhunderts nur unzureichend rezipiert bzw. ignoriert worden sind.

Gottschall deutet die Entwicklung des Stifterschen Werkes als Verfallsgeschichte. Am Anfang seiner Arbeit steht eine eingehende Würdigung der »Studien«, in der er u. a. Stifters Beziehungen zu Jean Paul herausarbeitet, kompositionelle Probleme bezeichnet, die aus Stifters »Landschaftsmalerei« für die Erzählung einer Handlung folgen, und in der er Stifters Dichtung gegen den Vorwurf in Schutz nimmt, sie sei »bloß« beschreibende Poesie, »denn diese umläuft nur die äußere Peripherie der Welt und folgt höchstens einer oder der anderen geistigen Tangente; in Stifters ›Studien‹ aber werden stets die Radien zu dem geistigen und seelischen Zentrum gezogen« (Enzinger 1968, Nr. 194, 326). Die sich anschließenden kritischen Einwände gegen den »Nachsommer« im Namen eines »realistischen« Literaturprogramms – Gottschall stand eine Zeitlang dem »Grenzboten« sehr nahe – haben die späteren Kritiker des Romans, »dieser Magna Charta des Eskapismus« (Arno Schmidt) eigentlich nur wiederholen bzw. modifizieren können: »Berührungen mit der profanen Menschheit sind ausgeschlossen; diese Goldfischchen plätschern alle in einer Kristallglocke umher und führen ein ästhetisches Leben« (Enzinger 1968, Nr. 194, 338).

Bratanek ist vor allem an der geistesgeschichtlichen Begründung von Stifters Thematik und poetischem Verfahren interessiert. Er versucht zunächst zu entwickeln, wie sich in der Literatur der unmittelbaren Vergangenheit die Beschäftigung mit der »Naturgeschichte des Volkes« in der Gattung der Dorfgeschichte und deren exotischer Parallele, den Urwalddichtungen von Cooper und Sealsfield, zum psychologischen Interesse an der Naturgeschichte des Gemüts verengt habe. Über diese Konstruktion rücken die beiden Antipoden Hebbel und Stifter auf einmal dicht zusammen, dieser als Physiologe, jener als Pathologe des menschlichen Gemüts. Eine analoge Entwicklung hin zur »allbegründenden Untersuchung« habe es in den Naturwissenschaften gegeben. Als Symbol dafür könne das Mikroskop gelten. Diese parallele geistes- und literaturwissenschaftliche Entwicklung fasse Stifter in seinen Dichtungen gewissermaßen zusammen. Sein Thema ist nach Bratanek die Naturgeschichte des Gemütes, seine Methode »moderner Forderung gemäß« die des Mikroskopikers. Dieser naturwissenschaftliche Deutungsansatz wurde erst von zwei jüngeren Veröffentlichungen wieder aufgenommen (Buggert 1969, Selge 1974). *Selge,* der seine Untersuchung »Poesie aus dem Geist der Naturwissenschaft« nennt, knüpft ausdrücklich an Bratanek an.

Am bedeutendsten ist die Studie *Emil Kuhs,* der zum erstenmal Stifters Naturpoesie als Fluchtdichtungen verstanden und diese Flucht aus des Dichters Angst vor dem »Lebens-Rätsel« abgeleitet hat. Die etwas blumige Formulierung für die Erfahrung von Sinngefährdung und Sinnverlust umschreibt eine für die Dichtung des 19. Jh.s zentrale Problematik. Zum erstenmal muß man deshalb betonen, weil diese Entdeckung seitdem in der Stifter-Forschung wieder und wieder gemacht worden ist (»Seit dem Buch von Lunding [1946] ist jede Darstellung Stifters, die in ihm bloß den behäbigen Bürger und platten Idylliker sieht, veraltet und falsch« [Seidler 1972, 132]). Anders aber als viele spätere Interpreten, die die Naturidylle durch die zu Grunde liegende Tragik gleichsam legitimiert sehen, hat Kuh ein entscheidendes Problem dieser Flucht reflektiert, indem er bemerkt, daß der Dichter »den Weg der Rettung rasch, man möchte meinen zu rasch gefunden haben muß. Dieser Weg führte nicht durch die Kämpfe des Herzens, durch die Widersprüche des inneren Menschen, nein, er leitete in die vom Bewußtsein nicht gepeinigte Natur« (Enzinger 1968, Nr. 191, 302). Doch wie Stifter selbst ahne, ja wisse, sei »der Einklang, welcher die Natur durchzieht, ein vom Menschen ihr untergeschobener Friede«. Über diese Ahnung, dieses Wissen setze er sich hinweg, »dem Zuge seines Naturells folgend und der Macht der Form vertrauend, ohne zu bedenken, daß wir darum nicht auch mit ihm getröstet vorübereilen und daß Gedankenirrtümer auch in der glänzendsten Kunstform als harte Gläubiger auftreten« (Enzinger 1968, Nr. 191, 304). In dem Stifter-Essay, den Kuh vier Jahre später bei Heckenast veröffentlichte, hat er seine Kritik dann abgeschwächt, wenn auch nicht ganz freiwillig: »So erklärte ich denn ganz offen, daß ich das Buch nur in dem Falle verlegen würde, wenn er sein Urteil über Stifter mildere« (Heckenast an Rosegger, zit. Haslinger 1955, 33).

Bis zur Jahrhundertwende ist Stifter von Publikum und Kritik verhältnismäßig wenig beachtet worden, wenn er auch so ganz vergessen niemals war, wie man manchmal lesen kann. Aber seine stille Kunst mit ihren Botschaften des »sanften Gesetzes«, des leidenschaftslosen Lebens, fand in der Gründerzeit wenig Verständnis: »Eine auf ihre technischen und zivilisatorischen Errungenschaften pochende und um materiellen und sozialen Gewinn unermüdlich schaffende und raffende Zeit hatte für die Lebensweisheit Stifters kein Organ« (Lunding 1955, 206). Nur Einzelne warben für ihn, allerdings auf sehr verschiedene Weise. Roseggers naive moralische und Nietzsches ›sentimentale‹ ästhetische Stifter-Rezeption begründen und repräsentieren dabei zwei typische Lesarten auch noch des 20. Jh.s. Zivilisationskritik und politischer Konservativismus ist ihr gemeinsamer Nenner.

Rosegger versuchte in seiner Familienzeitschrift ›Heimgarten‹ in einer ganzen Reihe von Artikeln Stifter als Sittenlehrer, als Dichter des einfachen Lebens und der (Böhmerwald)-Heimat populär zu machen – er selbst glaubte sich Stifter als Dichter der Steiermark nahe verwandt. Die bald nach 1900 unabhängig von Roseggers Bemühungen einsetzende Stifter-»Renaissance« wurde vor allem von Anhängern der Jugendbewegung und Heimatkunst getragen. Völkisch-nationale Tendenzen der Stifter-Rezeption machten es der nationalsozialistischen Literaturwissenschaft später leicht, Stifter mit wenigstens einigen seiner Werke – vor allem dem »Witiko« – zum Blut-und-Boden-Dichter zu proklamieren.

Nietzsche, der nicht den Idylliker, sondern den Epiker Stifter bewunderte, genoß auf einer höheren Reflexionsstufe die Künstlichkeit des von ihm entworfenen guten und schönen Lebens. Die von Gottschall als unrealistisch (und letztlich unsozial) kritisierte Ästhetisierung der »Nachsommer«-Welt war für Nietzsche ein Grund, den Roman zu den wenigen Werken der deutschen Prosa-Literatur zu zählen, die es verdienen, »wieder und wieder gelesen zu werden« (in: Der Wanderer und sein Schatten. Menschliches – Allzumenschliches II. Zweite Abt. 1880, Nr. 109).

Eine wichtige äußere Voraussetzung dafür, daß Stifter wieder mehr gelesen werden konnte, war das Erlöschen der Schutzfrist für seine Werke um die Jahrhundertwende (1899). Die historisch-kritische Werkausgabe wurde in Angriff genommen, der Reclam-Verlag brachte »Studien«-Erzählungen in Einzelausgaben heraus. 1904 erschien *Heins* große Stifter-Biographie, die eine Fülle von neuem Material enthielt und zum erstenmal die Umstände von Stifters Tod bekannt machte. Spätestens mit diesem Buch, das ein breiteres Publikum erreichte als Kuhs literarischer Essay, war die harmonisierende Identifikation von Leben und Werk, biographischer Wirklichkeit und poetischem Wunschbild »veraltet und falsch«, naiv war sie immer schon gewesen. Doch hat sich eine kleine Stifter-Gemeinde von dieser Fiktion nie trennen mögen.

Mit der Erschließung philologischer und biographischer Materialien wurde die Stifter-Forschung gleichsam offiziell begründet. Ihr erster bedeutender Beitrag stammt von dem Nietzsche-Schüler *Ernst Bertram*. In seinen »Studien zu Adalbert Stifters Novellentechnik« (1907), das viele treffende Bemerkungen und Einzelbeobachtungen enthält, bestätigt und vertieft Bertram im wesentlichen die Deutung Emil Kuhs (»[Stifters] vermeintlicher Optimismus erscheint [...] als die Flucht aus dem Gegensatz, aus der Unerträglichkeit eines Weltbildes heraus, dem seine seelische Energie nicht gewachsen war« [Bertram 1907, 11]). Bertrams spätere Stifter-Arbeiten, in denen Ideologie die Erkenntnisfähigkeit zunehmend trübte, blieben hinter seiner frühen Analyse weit zurück.

Um das Ende des Ersten Weltkrieges wurden Stifters Romane »Der Nachsommer« und »Witiko« erstmals von einer größeren Leserzahl entdeckt. Der Grund dafür ist leicht zu erkennen: »Da sieht man wieder einmal, zu welcher Gattung von Literatur der sehnende Mensch zu fliehen hat, wenn die Weltbestie sich auseinander tut« (Rosegger am 27. 4. 1916; zit. Haslinger 1955, 58). Gleichsam zum Herold dieser Bewegung machte sich der österreichische Schriftsteller *Hermann Bahr,* vor allem mit seiner Schrift »Adalbert Stifter. Eine Entdeckung« (1919). Bahr propagierte Stifter als politisch engagierten Dichter einer konservativen Revolution und den »Witiko« entsprechend als ein »Grundbuch revolutionärer Gesinnung«. Die politischen Lehren dieses »Grundbuches« verkündigte er dem Publikum in einem feierlichen stabreimenden Saga-Ton, den man sich wenige Jahre vor 1933 schon leisten konnte, ohne Furcht haben zu müssen ausgelacht zu werden.

Mit der Entdeckung der Romane, die besonders beim »Witiko« oft wie eine Bekehrung erlebt wurde, kehrte sich in der Forschung das bisher akzeptierte Entwicklungsmodell um. »Nachsommer« und »Witiko« wurden zu klassischen Hauptwerken erhöht, die Verfallsgeschichte entsprechend zum Reifungsprozeß nach Goetheschem Vorbild. Daß *Gundolf* in seinem Stifter-Buch (1931) davon unbeeindruckt im Sinne der Stifter-Kritik des 19. Jh.s argumentierte und den »Witiko« weiterhin für ein mißlungenes Werk hielt, hat seiner Arbeit in der Stifter-Forschung den Ruf einer Schmähschrift eingebracht, auf deren Thesen man gar nicht erst einzugehen braucht. Der neue Systemzwang bewährte sich dann auch an der unvollendeten »Letzten Mappe«, die 1939 erstmals aus dem Nachlaß herausgegeben wurde und seitdem vielen als Krone des Lebenswerkes galt. Noch *Seidler* mißt in seinem Forschungsbericht die Berufenheit eines Stifter-Interpreten an seinem Verhältnis zu diesem Werk.

Nach dem zweiten Weltkrieg hat sich für ein kleineres Lesepublikum die Entdeckung der Stifterschen Romane als Fluchtorten aus einer schrecklichen, chaotischen, undurchschaubaren Wirklichkeit noch einmal wiederholt. Die Forschung im ersten Nachkriegsjahrzehnt wurde bestimmt durch kultivierte geistesgeschichtliche Würdigungen (im »high church style«, wie Stern treffend charakterisiert), die im Geiste der Restauration den Spätgeborenen, den klassischen Formkünstler, Humanitätsapostel, Bewahrer abendländischer Traditionen und Werte (z. B. des mittelalterlichen »ordo«-Gedankens) herausarbeiten (Kunisch, Rehm, Staiger). In den chronologisch und entwicklungsgeschichtlich daran anschließenden Arbeiten der werkimmanenten und schließlich strukturanalytischen Schule hat sich der feierliche Dienst am Wort versachlicht, freilich auch verdünnt.

Kritik an Stifter ist in der Regel von der politischen Linken gekommen. Es gibt allerdings Ausnahmen – Hebbel beispielsweise, dessen politische Ansichten mit denen Stifters in vieler Hinsicht korrespondierten. *Georg Lukács*, der Theoretiker des sozialistischen Realismus, lehnte, ausgehend von der polemischen Alternative »Erzählen oder Beschreiben« Stifters Werk (wie Hebbel) als bloße Beschreibungskunst ab. Seiner Autorität ist es wohl zuzuschreiben, daß in der DDR bisher nur wenig über Stifter gearbeitet worden ist, sieht man einmal von den allerdings außerordentlich zahlreichen Arbeiten *Joachim Müllers* ab. 1956/57 druckte die NDL eine Diskussion zwischen *Edith Zenker* und *H.-H. Reuter* ab (»War Stifter Realist?« [Zenker] – »Stifter war Realist« [Reuter]), in der Zenker im wesentlichen die Lukácssche Position vertritt, während Reuter versucht, Stifter gleichsam als Dichter innerer Emigration für das nationale Erbe zu retten: »Man sollte nur etwas weniger abschätzig vom ›stillen Kämmerlein des deutschen Idealismus‹ sprechen. Eher wäre dieser Idealismus als eine Bastion zu bezeichnen, von der aus die besten Vertreter des deutschen Bürgertums – zu denen Stifter nicht minder als Raabe, Grillparzer und Hebbel gehörte – in einer Zeit der Anpassung und der Schönfärberei der Bourgeoisie die hohen Ideale des klassischen Humanismus verteidigten« (NDL, H. 9, 121 [1957]). Diese Version hat sich in der DDR heute als »herrschende Lehre« durchgesetzt (siehe dazu etwa die Stifter-Artikel in der jüngsten DDR-Literaturgeschichte [1975]).

Auch von der überwiegend marxistisch orientierten italienischen Forschung ist Stifters Werk kritisch rezipiert worden. Wegweisend war dabei das Stifter-Kapitel in *Claudio Magris'* »Der habsburgische Mythos in der österreichischen Literatur« (Turin 1963; deutsch: Salzburg 1966). Die Einwände der Italiener variieren im wesentlichen den alten Vorwurf der Reduktion: »Zur Reduktion auf das Kleine [...] und zur Reduktion auf die Naturstetigkeit [...] kommt der Vorwurf der Reduktion auf die Kategorie der Dinglichkeit, die das menschliche Subjekt und die Fülle seines Innenlebens verleugne, die Reduktion auf ein immer gleichbleibendes und wiederkehrendes abstraktes Sein, die sich den konkreten sozialen und historischen Problemen entziehe, der Reduktion auf die bestehende (habsburgische, bürgerliche) Ordnung [...], der Reduktion auf das Schöne, Harmonische, Idyllische gegenüber den Disharmonien und Konflikten« (Weiss 1969, 199). Inzwischen haben Magris und andere ihre Kritik modifiziert und abgeschwächt.

Die bisher wohl differenzierteste und anregendste ideologiekritische Arbeit zu Stifter hat *H. A. Glaser* mit seiner »Nachsommer«-Studie »Die Restauration des Schönen« (1965) vorgelegt.

Stifters eigentümlich reflexionslose, verschlossene, in vielen Zügen pathologische Dichtungen mit ihrer oft wie traumhaften Symbolkunst laden zu psychologischen Deutungen geradezu ein. In einer Reihe solcher Versuche ist Angst – philosophisch motiviert schon für Emil Kuh ein Schlüssel zur Deutung – ein zentraler Begriff. *Korffs* methodisch abenteuerliche, aber lebendige und unkonventionelle Dissertation »Diastole und Systole. Zum Thema Jean Paul und Stifter« (1969) begründet Stifters »existentielle Angst« aus dem Konflikt zwischen bürgerlicher und künstlerischer Existenz, dessen immer neue Bewältigung in poetischer, quasi allegorischer Verkleidung im Grunde das einzige Thema seiner Kunst sei. Wie schon *Lundings* Stifter-Monographie (1946) ist seine Konstruktion Kierkegaards Existenzphilosophie verpflichtet. *Michael Kaisers* (1971) literaturpsychologische Untersuchung sucht Stifters Erzählungen zu erklären aus des Dichters Angst-Pathologie, die sich unmittelbar abbilde in Angstprojektionen und mittelbar in therapeutischen Gegenbewegungen, die ihre Abwehr zum Ziel haben. Solche typischen Gegenbewegungen arbeitet *Jutta Schutting* in ihrer poetischen Rezeption der »Bunten Steine« (1974) heraus. Für *Gundel Mattenklott* (»Sprache der Sentimentalität«, 1973) ist Stifters Pathologie der »seelischen Stummheit« psychologischer Schlüssel zum Werk, eine These, die sie wie die meisten Gedanken ihrer allzu flüchtigen Arbeit Walter Benjamin verdankt.

Im nichtdeutschsprachigen Ausland ist Stifter beim Lese- und Fachpublikum weitgehend unbekannt geblieben. Die »Studien« wurden zwar schon 1848 in der angesehenen englischen Zeitschrift ›Athenaeum‹ besprochen und einzelne Erzählungen der Sammlung erschienen bald nach Erscheinen in englischer und in französischer Übersetzung, aber danach gibt es nicht mehr viele Dokumente einer Wirkung – Einzelübersetzungen sind natürlich auch später immer wieder einmal erschienen. Sehr lange wurde Stifter verkannt, als zwar liebenswürdiger, aber harmloser Idylliker aus der europäischen Provinz, als Verfasser von »Pictures of Rural Life in Austria and Hungary« (so der Titel der ersten englischen Ausgabe mit Erzählungen von 1850) und diese Einschätzung erklärt wohl jedenfalls zum Teil das geringe Interesse der ausländischen Germanistik. Die erste englische Stifter-Biographie (Blackall) – für ein akademisches Publikum ohne Vorkenntnisse – erschien 1948, die erste französische (Bandet) 1974. Erst in letzter Zeit kommen aus dem Ausland – vor allem aus Italien und Amerika – mehr Forschungsbeiträge.

Hebbel hat ihn heftig abgelehnt, Nietzsche enthusiastisch gelobt – viel mehr kann man über die Wirkung Stifters auf bedeutende Schriftsteller des 19. Jh.s nicht sagen. Die anderen »poetischen Realisten« der Zeit haben ihn wenig beachtet, zu seinem Einfluß auf zweit- und drittklassige Literaten gibt es einige Einzeluntersuchungen. Die meisten – und wohl bedeutenderen – Zeugnisse einer »innerliterarischen« Rezeptions- und

Wirkungsgeschichte stammen aus diesem Jahrhundert. U. a.
Thomas Mann, Benjamin, Hesse, Loerke, Karl Kraus, Hugo v.
Hofmannsthal, Kaschnitz, Böll, Wohmann, Tumler, Rosei,
Thomas Bernhard, Handke haben sich für Stifter interessiert,
aus sehr verschiedenen Gründen und auf sehr verschiedene
Weise. Für *Thomas Mann* zum Beispiel, der Stifter einen der
»merkwürdigsten, hintergründigsten, heimlich kühnsten und
wunderlich packendsten Erzähler der Weltliteratur« nannte
und ihn in seinen Briefen und Tagebüchern sehr oft erwähnt,
war die Verbindung von modernem pathologischem Gehalt
und klassischer Form im Stifterschen Werk von besonderem
Reiz, weil sie dem eigenen Selbstverständnis entsprach, manche
Züge des eigenen Kunstwollens präfigurierte. Auf ganz andere
Weise rezipiert heute *Peter Handke* die eigentümliche Gebrochenheit der Stifterschen Utopien zugleich als Nähe und Ferne
zum eigenen Bewußtsein. In seinem Stück »Die Unvernünftigen sterben aus« hat er eine lange Passage aus Stifters Erzählung »Der Hagestolz« zitiert und kommentiert:

»Damals, im 19. Jahrhundert, auch wenn man gar keine Weltgefühle mehr hatte, gab es doch wenigstens noch eine Erinnerung daran
und eine Sehnsucht. Deswegen konnte man die nachspielen und spielte sie den andern vor, wie zum Beispiel in dieser Geschichte. Und
weil man sie so ernst und geduldig und gewissenhaft wie ein Restaurator, Stifter war ja ein Restaurator, nachspielte, stellten sich die Gefühle auch wirklich ein, vielleicht« (Frankfurt 1973, 53 f.).

Literatur:

*Kahrmann, Bernd/Kahrmann, Cordula/Richartz, Heinrich/Steinberg,
Barbara:* Bürgerlicher Realismus III. Stifter, Hebbel, Otto Ludwig.
In: WW (1976), S. 356–381

Lunding, Erik: Probleme und Ergebnisse der Stifter-Forschung
1945–1954. In: Euph. 49 (1955), S. 203–244
Seidler, Herbert: Adalbert-Stifter-Forschung 1945–1970. In: ZfdtPh
91, 1, 2 (1972), S. 113–157, S. 252–284
Stern, J. P.: Unpolitische Kritik? Anmerkungen zur deutschen Stifter-Literatur. In: Forum. Österreichische Monatsblätter für kulturelle Freiheit 11 (1964), S. 379 f.
Dehn, Wilhelm: Schwerpunkte des literaturkritischen Interesses an
Stifter (I). Forschungsbericht. In: Literatur in Wissenschaft und
Unterricht. 2, 2 (1969), S. 118–135
Schatter, Antje: Schwerpunkte des literaturkritischen Interesses an
Stifter (II). Forschungsbericht. In: Literatur in Wissenschaft und
Unterricht. 2, 3 (1969), S. 196–208

Haslinger, Franz: Stifter im heutigen England. In: Vj. 3 (1954), S. 117–128
Andrews, J. S.: The Reception of Stifter in the Nineteenth-Century Britain. In: MLR 53 (1958), S. 537–544
Reichart, W. A./Grilk, Werner H.: Stifters Werk in Amerika und England. Eine Bibliographie. In: Vj. 9 (1960), F. 1/2, S. 39–42; *E. Eisenmeier,* 1. Nachtrag zu Stifters Werk in Amerika und England, S. 129–132
Stifter-Englisch. In: Vj. 15 (1966) F. 1/2, S. 66–68
Kienesberger, Konrad F.: Mary Howitt und ihre Stifter-Übersetzung. Zur Rezeption des Dichters im viktorianischen England. In: Vj. 25 (1976), F. 1/2, S. 13–55

Kienesberger, Konrad: Zur Übersetzung von Stifters »Kondor« ins Französische. In: Vj. 19 (1970), S. 163–172
ders.: Die erste Stifter-Übersetzung ins Französische zur »Hagestolz«-Version von Germaine de Prez-Mahanden. In: Vj. 20 (1971), S. 85–101
ders.: Zu Stifters »Abdias« in französischer Übersetzung. In: Vj. 22 (1973), S. 25–45
ders.: Cosima von Bülow und die »Zwei Schwestern«. Eine anonyme Stifter-Übertragung ins Französische. In: Vj. 23 (1974), F. 1/2, S. 37–52

Freschi, Marino: Die italienische Stifter-Kritik. In: Vj. 17 (1968), F. 3/4, S. 263–279
Weiss, Walter: Stifters Reduktion. In: Germanistische Studien (Innsbrucker Beiträge zur Kulturwissenschaft 15), Innsbruck 1969, S. 199–220
Zettl, Walter: Das römische Stifter-Gespräch. In: Vj. 18 (1969), S. 133–138

Eisenmeier, Eduard: Adalbert Stifter bei den Tschechen in Übersetzungen und wissenschaftlichen Abhandlungen. In: Vj. 6 (1957), S. 46–53
Yoneda, Takashi: Stifters Werk in Japan. Eine Bibliographie. In: Vj. 12 (1963), S. 64–66; Vj. 1973, S. 47–50
Franz, Leonhard: Adalbert Stifter in schwedischer Schau. In: Vj. 15 (1966), F. 1/2, S. 59–62
Enzinger, Moriz: Adalbert Stifter im Urteil seiner Zeit. Festgabe zum 28. Jänner 1968. Wien 1968

Rosegger, Peter: Adalbert Stifter. Eine Skizze seines Lebens und Schaffens. In: Westermanns Illustrierte Monatshefte für das gesellschaftliche geistige Leben der Gegenwart. Braunschweig 1875. Weitere Zeugnisse Roseggers siehe: *Eisenmeier* (1964) Nr. 3988–4006; *Eisenmeier* (1971) Nr. 5925–5927.

Benjamin, Walter: Briefe. Hrsg. und mit Anmerkungen von Gershom Scholem und Theodor W. Adorno. Frankfurt 1966; darin zu Stifter S. 195 ff., S. 205 ff. – jetzt in: *W. B.*, Gesammelte Schriften Bd. 2, Frankfurt 1977, S. 608–610.

Bahr, Hermann: Adalbert Stifter. Eine Entdeckung. Zürich, Leipzig, Wien 1919; Wiederabgedruckt in *H. B.*, Essays. Hrsg. von Heinz Kindermann. Wien 1962. – dazu: *Zehl-Romero* (1975)

Schaukal, Richard von: Adalbert Stifter. Ein Beitrag seiner Würdigung. In: Sudetendeutsche Sammlung. Augsburg, Eger 1926

Loerke, Oskar: Adalbert Stifter. In: *O. L.*, Hausfreunde. Charakterbilder. Berlin 1939, S. 143–171; Wiederabgedruckt in: Dichtung von Dichtern gesehen. Drei Essays. Frankfurt 1954, S. 22–40. – Dazu: *Doppler* (1967)

Suhrkamp, Peter: Adalbert Stifter. In: *P. S.*, Ausgewählte Schriften zur Zeit und Geistesgeschichte. Frankfurt 1951, S. 205–239

Heiseler, Bernt von: Zum Leben und Werk von Stifter. In: Sammlung 10 (1955), S. 481–493

Tumler, Franz: Warum ich nicht wie Adalbert Stifter schreibe. Franz Tumler über sein literarisches Vorbild. In: Fünfzehn Autoren suchen sich selbst. Modell und Provokation. Hrsg. von Uwe Schultz. München 1967, S. 140–155

Achternbusch, Herbert: Der Oheim aus Adalbert Stifters »Der Hagestolz« (1844). In: Leporello fällt aus der Rolle. Zeitgenössische Autoren erzählen das Leben von Figuren der Weltliteratur weiter. Hrsg. von Peter Härtling. Frankfurt 1971, S. 97–121

Böll, Heinrich: Epilog zu Stifters »Nachsommer«. In: Leporello fällt aus der Rolle. Zeitgenössische Autoren erzählen das Leben von Figuren der Weltliteratur weiter. Hrsg. von Peter Härtling. Frankfurt 1971, S. 122–129. – Zu Böll und Stifter: *Wirth* (1972)

Schutting, Jutta: Tauchübungen. Prosa. Salzburg 1974. – Dazu: *Rossbacher* (1976)

Rosei, Peter: Versuch über Stifter und einige Schriftsteller der Gegenwart. In: Literatur und Kritik. Österreichische Monatsschrift 11 (1976), S. 161–167

Bertram, Ernst: Nietzsche, die Briefe Stifters lesend. In: Ariadne. Jahrbuch der Nietzsche-Gesellschaft 1925, S. 7–26; Wiederabgedruckt in: *E. B.*, Möglichkeiten. Ein Vermächtnis. Hrsg. von H. Buchner. Pfullingen 1958, S. 201–221

Haslinger, Franz: Peter Rosegger als Herold Adalbert Stifters. Erste vollständige Veröffentlichung des Briefwechsels zwischen Peter Rosegger und Gustav Heckenast (1869–1878), soweit er sich auf Person und Werk Adalbert Stifters bezieht. Graz, Wien 1955

Müller, Joachim: Die Polemik zwischen Hebbel und Stifter und Stifters Ethos vom »Sanften Gesetz«. In: Gedenkschrift für Ferdinand Josef Schneider (1879–1954). Hrsg. von Karl Bischoff. Weimar 1956, S. 265–305

Schlegelmilch, Wolfgang: Adalbert Stifters Verhältnis zu Kritik und Publikum. In: Neophilologus 40 (1956), S. 277–290
Krökel, Fritz: Nietzsches Verhältnis zu Stifter. In: Vj. 9 (1960), S. 106–120
Müller, Joachim: Adalbert Stifter bei Friedrich Ratzel. Ein Beitrag zur Wirkungsgeschichte des Dichters. In: Vj. 14 (1965), F. 3/4, S. 119–124
Doppler, Alfred: Adalbert Stifter und Oskar Loerke. Ein Beitrag zur Wirkungsgeschichte Stifters. In: Vj. 16 (1967), F. 1/2, S. 25–32
Enzinger, Moriz: Heinrich Seidels Erstlingserzählung »Der Rosenkönig« und Adalbert Stifter. In: *M. E.*, Gesammelte Aufsätze zu A. S., Wien 1967, S. 365–378
Stillmark, A.: Stifter contra Hebbel. An Examination of the Sources of their Disagreement. In: GLL 21. 22 (1967/68), S. 93–107
Enzinger, Moriz: Adalbert Stifter im Urteil seiner Zeit. Festgabe zum 28. Jänner 1968. Wien 1968
Exner, Richard: Hugo von Hofmannsthal zu Adalbert Stifter. Notizen und Entwürfe. Vorläufige Chronik und Deutung. In: Adalbert Stifter. Studien und Interpretationen. Hrsg. von Lothar Stiehm. Heidelberg 1968, S. 303–338
Storck, Joachim W.: Stifter und Rilke. In: A. S. Studien und Interpretationen. Hrsg. von L. Stiehm. Heidelberg 1968, S. 271–302
Rokyta, Hugo: Karl Viktor Hansgirg, Begebnisse auf einem böhmischen Gränzschloss (1863). – Ein Epigone von Adalbert Stifter und Bozena Nèmcova. In: Marginalien zur poetischen Welt. Festschrift für Robert Mühlher zum 60. Geburtstag. Berlin 1970, S. 261–270
ders.: Georg Bippart und die Anfänge des Stifterkultes in Böhmen. In: Vj. 21 (1972), S. 41–44
Wirth, Günter: Tradition im »Futteral«. Bemerkungen über Böll und Stifter. In: Sinn und Form. Beiträge zur Literatur. 24 (1972), S. 1018–1041; Wiederabgedruckt in: Böll. Untersuchungen zum Werk. Hrsg. von Manfred Jurgensen. Bern, München 1975, S. 111–138
Zinck, Karl Hugo: Karl von Hippel und Adalbert Stifter. Linz 1973
Zehl-Romero, Christiane: Die »konservative Revolution«. Hermann Bahr und Adalbert Stifter. In: GRM 25 (1975), S. 439–454
Rossbacher, Karlheinz: Die Tradition und ihre kritische Erinnerung. Zur Rezeption Adalbert Stifters bei Jutta Schutting. In: Vj. 25 (1976), F. 3/4, S. 101–115
Buttmann, Günter: Friedrich Ratzels Verhältnis zu Adalbert Stifter. In: Vj. 27 (1978), F. 1/2, S. 59–62
Ritchie, Gisela F.: Stifter und der »Steppenwolf«, ein Beitrag zu den geistigen Beziehungen großer Dichter. In: Husbanding the golden grain. Studies in honor of Henry W. Nordmeyer. Ann Arbor 1979, S. 265–278

6.2. Probleme des Werks

Nach dem weltanschaulichen Gehalt seiner Werke hat man bei Stifter nicht nur am allerliebsten gefragt, kaum ein anderer Dichter von vergleichbarem Rang hat diesem Interesse zugleich so viel und so wenig zu bieten wie er: »Meine Bücher sind nicht Dichtungen allein (als solche mögen sie von sehr vorübergehendem Werthe sein), sondern als sittliche Offenbarungen, als mit strengem Ernste bewahrte menschliche Würde haben sie einen Werth, der bei unserer elenden, frivolen Litteratur länger bleiben wird, als der poetische (22. 2. 1850; SW XVIII, 38). Das ist mitten im 19. Jh. der Gestus des alttestamentarischen Propheten, der dem von Gott abgefallenen Volk unbeirrt die ewigen Wahrheiten vorhält. Man kann in diesem Anspruch, der aus jedem Kritiker einen Ungläubigen macht, eine Anmaßung sehen, man kann ihn akzeptieren und die sittlichen Offenbarungen mit dem Wahrheitsgehalt der Dichtung gleichsetzen. Stifter hat die gewünschte Gemeinde bekommen.

In sehr vielen Büchern über Weltanschauung, Menschenbild, Pädagogik werden die Offenbarungsinhalte und die Probleme, auf die sie eine Antwort versuchen, vorgetragen: »Menschwerdung des Menschen«, »Stifters Ethos vom ›sanften Gesetz‹«, »Die Leidenschaft bringt Leiden«, »Schuld und Schicksal«, »Wesenheit der Dinge«, »Das Göttliche im Kleide des Reizes« (so die Kapitelüberschriften in *Joachim Müllers* Buch über Stifters »Weltbild und Dichtung«). Neuere Darstellungen sprechen nicht mehr von Weltanschauung und Weltbild, sondern sachlicher von »Schlüsselbegriffen zur Erfassung des Daseins« *(Aspetsberger)* oder »Ding und Vernunft« *(Dehn),* affirmieren Stifters Absichten damit aber ebenso, wie die in ihrem Verkündigungspathos noch ungebrochenen älteren Arbeiten.

»So wenig« bezieht sich auf Stifters Mangel an theoretischer Begabung, der sich mit dem hohen sittlichen Anspruch seiner Schriften verbindet. »Auch dort, wo sie nicht verlegene Banalitäten sind, behalten Stifters Betrachtungen als Niederschläge eines Daneben statt eines Drinnenseins den Mangel an sicherem Griff, die mehr rührende als zwingende ›undulante Schwebe‹ oder nebulose Schwäche« (Gundolf, 1931, 62). *K. G. Fischers* Versuch, diesen Mangel als höhere Einsicht auszugeben, ist eine Apologie, ja Verklärung der Mittelmäßigkeit: »Stifters Abneigung gegen Systematik ist [...] keine grundsätzliche Abneigung gegen begriffliche Klarheit und systematische Sauberkeit. Vielmehr äußert sich in ihr sein Wissen vom ›Rest‹, der sich nicht derart auflösen läßt, der aber auch nicht als bloße emotionale Zutat abgetan werden kann« (Fischer 1962, 614).

Daß eine Untersuchung der Meinungen Stifters zu verschiedenen Problemkreisen nicht »um der Tiefe oder Ursprünglichkeit seiner Gedanken willen lohnt, die ihm weder dem Gehalt noch der Formulierung nach eigentümlich sind« (Blumenthal 1941, 211) stellen übereinstimmend alle Arbeiten fest, die sich meist positivistisch um die geistesgeschichtliche Lokalisierung dieser Gedanken bemühen. Wie bei jedem um die Mitte des 19. Jh.s schreibenden Autor gehen sie zumeist auf die klassisch-idealistische Epoche der deutschen Geistesgeschichte zurück. Die Schulbücher, die Stifter ihr Ideengut vermittelten, hat Enzinger als josephinistische Synthese von Aufklärung, Idealismus und Christentum unter »Ausscheidung des Unbrauchbaren« bestimmt. In popularisierter Form hielten sich didaktische und optimistische Züge der Aufklärung in Österreich länger als im übrigen deutschsprachigen Bereich, so wie umgekehrt die Romantik dort nie so stark war wie in Deutschland. Doch ist Stifters Frühwerk durch die Auseinandersetzung mit romantischer Zerrissenheit, mit Pessimismus und Fatalismus entscheidend geprägt. Romantiker, wie Kosch in seiner Studie einst behauptete, ist Stifter freilich nie gewesen. Versuche, ihn zum konfessionell gebundenen christlich-katholischen Dichter zu erklären, hat Stifter selbst schon als Einwand gegen Eichendorffs vom katholischen Standpunkt aus geschriebene Geschichte der romantischen Literatur abgewiesen: »Ich mag Unrecht haben, aber in der Kunst erscheint mir der katholische Standpunkt doch nur *einer,* ich glaube, die Kunst soll das Leben der gesammten Menschheit fassen« (2. 6. 1857; SW XIX, 28). Als »einer aus Goethes Verwandtschaft« hat er sich emphatisch auf klassische Humanitätsreligion und idealistische Ästhetik bezogen.

Daß der Erkenntniswert solcher Zuordnungen und Selbstdeutungen begrenzt ist, liegt (wie immer) in der Diskrepanz zwischen den historischen Begriffen und der Änderung, die sie durch ihre Aktualisierung im poetischen Werk erfahren. Die Reflexion auf diese Diskrepanz hat *Böhler* zum Ausgangspunkt seiner Untersuchung über die »Individualität in Stifters Spätwerk« gemacht, in der es darum geht, Stifters Ästhetik aus seinem Werk und nicht aus seinem Selbstverständnis zu gewinnen: »Stifter versucht zwar, in der Terminologie der Goethezeit zu sprechen, die Bedeutung der Termini hat sich aber verschoben« (Böhler 1969, 666). Das Spätwerk, in dem Stifter die idealistische Ästhetik endgültig sprengt, bei dem Versuch und in der Überzeugung, ihr Programm mit höchster Gewissenhaftigkeit zu erfüllen, ist für ästhetische und poetologische Untersuchungen des Stifterschen Werkes von besonderem Interesse.

Die Besonderheit und Problematik der Stifterschen Poesie und Poetik wird übergreifend bestimmt durch die enge Verbindung von Ethik und Ästhetik. Die ästhetische Formgebung soll zugleich ein gewissermaßen sittlicher Akt sein, ethische Botschaften sollen in der Form repräsentiert sein. Noch die kleinsten stilistischen Details sind von diesem Willen geprägt, Schönheit und Sittlichkeit zur Kongruenz zu bringen. Diesem Ideal kommt Stifter in manchen seiner Werke – vor allem im »Nachsommer« – auch tatsächlich sehr nahe, aber, wie es wohl nicht anders sein kann, auf Kosten des Wirklichen und des Besonderen. Die Künstlichkeit der Stifterschen Dichtung, die Blässe seiner sittlichen Idealfiguren, die aus ihrem »allgemeinen Menschentum« folgen, sind problematische und oft kritisierte Züge, die in der Konsequenz seines künstlerischen Formungswillens liegen. Auch die vielzitierte Stiftersche Langeweile ist ihr Resultat. Aus der Spannung zwischen ethisch-ästhetischer Norm und der Subjektivität und Individualität des Autors bzw. seiner Figuren bekommt Stifters Werk seine spezifische Gestalt. Besonderes *und* Allgemeines objektivieren sich in diesem Werk vor allem in Beschreibung – Beschreibung von äußerer Dingwelt, Landschaft, Natur.

Die Betrachtung von Beschreibung, vor allem von Natur und Landschaft im Stifterschen Werk fällt mit der Betrachtung dieses Werkes weitgehend zusammen. Immer schon hat man in der »poetischen Landschaftsmalerei« die Eigentümlichkeit wie die Grenze des Stifterschen Talents gesehen und »als ein Abseits geschätzt oder als ein Daneben bespöttelt« (Gundolf, 1931, 7). Hebbels vielzitiertes, vielgeschmähtes Epigramm über die »alten und neuen Naturdichter« (zit. S. 35) zieht in der Überschrift die historische Parallele zur beschreibenden Poesie des 18. Jh.s. Hinter seiner Polemik steht immer noch als Autorität Lessings Ablehnung der Gattung im »Laokoon«, nur daß er sie anders als Lessing begründet: nicht mehr aus dem Medium der Darstellung, sondern inhaltlich aus ihrem Gegenstand. *Lukács* und seine Schüler haben diese inhaltliche Kritik übernommen und erweitert: »Die Dinge leben dichterisch nur durch ihre Beziehungen zum Menschenschicksal. Darum beschreibt sie der echte Epiker nicht. Er erzählt von der Aufgabe der Dinge in der Verkettung der Menschenschicksale« (Lukács,

1969, 63). Vielen Stifter-Interpreten ist der Verteidigung ihres Autors gegen den Vorwurf mangelnder epischer Integration seiner Beschreibung zu so etwas wie einer Pflichtaufgabe geworden, dem sie mit der Behauptung begegnen, daß es Stifter immer um den Menschen gehe – ohne die theoretischen Prämissen eines solchen Vorwurfs in Frage zu stellen. Noch *Preisendanz'* Aufsatz über die »Funktion der Naturdarstellung bei Stifter« ist in diesem Sinne apologetisch. Daß die Naturdarstellung bei Stifter verschiedene Erzählfunktionen erfüllt, ist freilich richtig, doch bleibt der »unleugbare Sachverhalt, daß in den Erzählungen dieses Autors die Darstellung von Natur schon rein dem Umfang nach eine unvergleichbare größere Rolle spielt als die Handlung oder die psychologische Analyse oder das Gespräch« (Mautz 1968, 23). Vor aller Sinngebung und Funktionalisierung liegt eben einfach Stifters Freude an der malerischen und dichterischen Beschreibung von Natur und Landschaft.

Ein Ziel der Naturdichtung des 18. Jh.s war die Verherrlichung Gottes in seiner Schöpfung, Physikotheologie. Sie wählte bewußt gerade die kleinen, unscheinbaren Dinge aus, um Gottes Größe »im Käfer, in der Butterblume« – wie es in Hebbels Epigramm heißt – staunend wiederzuerkennen. Im physikotheologisch ausgerichteten Schrifttum waren naturwissenschaftliche Erkenntnis und fromme Andacht kein Widerspruch – das Erklären war zugleich Verklären. Stifter steht mit seiner Dichtung und den zentralen ethisch-ästhetischen Entwürfen wie dem »sanften Gesetz« und der Forderung nach Erkenntnis der »Wesenheit der Dinge« unverkennbar in dieser Tradition, die von Kant aus der Philosophie verbannt, in Poesie und naturwissenschaftlicher Erdbeschreibung (etwa bei Alexander v. Humboldt) weiterlebte. Stifters Dingandacht ist ihrem Anspruch nach immer noch Sinngebung, doch gelingt ihm die Vergewisserung dieses Sinns um die Mitte des 19. Jh.s nicht mehr so selbstverständlich und unproblematisch wie Brockes im »Irdischen Vergnügen in Gott«. Er behauptet den Sinn dessen was ist, einfach weil es »ist«. »Im Sein liegt eine letzte Selbstgenügsamkeit, die dem Menschen in Krisensituationen zwar fürchterlich werden kann und die epochal auf die Unverfügbarkeit und Undurchschaubarkeit hinweist, die der Welt im Realismus eigen sind, eine Selbstgenügsamkeit, die aber für Stifter schon [...] im Kern Sinngewißheit ist« (Kaiser 1970, 315). Ob man das noch Sinngewißheit nennen kann, scheint mir freilich zweifelhaft. Die Natur im Stifterschen Werk ist ambivalent. Sie ist rousseauistisch der Ort, in dem die Entzweiung von Ich und Welt aufgehoben ist, paradiesische Ursprünglichkeit, sittliche Idylle, Offenbarung Gottes. Sie ist aber auch das Unmenschliche, Fremde, deren unheilbringende Gesetze unberührt von Menschenschicksalen wirken.

Die Naturbeschreibungen des Frühwerks sind noch erkennbar Seelen- und Stimmungsmalerei in der Nachfolge Jean Pauls. Das Verschweigen dieser Beziehung wird bald zum poetischen Programm, die Beziehung selbst bleibt aber insgeheim bestehen. Die exoterische Symbolik des Frühwerks wandelt sich Schritt für Schritt in die esoterische Symbolik des Spätwerks um. Dieser Prozeß der Veräußerung ist verbunden mit der fortschreitenden, sittlich motivierten Verallgemeinerung des Besonderen, bloß Individuellen. *Selge* hat für dieses Verfahren den Begriff der »kategorialen Objektivität« und als hermeneutischen Horizont die Phänomenologie vorgeschlagen. Tatsächlich lesen sich Arbeiten über die Beschreibung von Außen im Stifterschen Werk oft wie Wörterbücher von Raumbedeutungen.

Literatur:

Aufsätze und Artikel Stifters zu Politik, Zeitgeschichte, Bildungswesen, Kunst, Wissenschaft in SW XIV, XV, XVI.
Siehe auch: 2.1, 2.2 und 4.1, 4.2.

Pouzar, Otto: Ideen und Probleme in Adalbert Stifters Dichtungen. Reichenberg 1928. Nachdruck: Hildesheim 1973
Rehm, Walter: Wirklichkeitsdemut und Dingmystik. In: Logos XIX (1930); Wiederabgedruckt in: W. R., Der Dichter und die neue Einsamkeit. Aufsätze zur Literatur um 1900. Hrsg. von R. Habel. Göttingen 1969
Steffen, Konrad: Adalbert Stifter und der Aufbau seiner Weltanschauung. Zürich, Leipzig 1931
Matthäus, Gerhard: Stifters Erziehungsgedanken. Eger 1933 (Schriften der Stifter-Gemeinde 5)
Hahn, Karl Josef: Adalbert Stifter. Religiöses Bewußtsein und dichterisches Werk. Halle 1938
Hankamer, Paul: Die Menschenwelt in Stifters Werk. In: DVjs. 16 (1938), S. 95–125
Mühlher, Robert: Ontologie und Monadologie in der österreichischen Literatur im 19. Jahrhundert. In: Die österreichische Nationalbibliothek. Festschrift Bick. Wien 1948, S. 488–504
Enzinger, Moriz: Adalbert Stifters Studienjahre (1818–1830). Innsbruck, Augsburg 1950
Kunisch, Hermann: Adalbert Stifter. Mensch und Wirklichkeit. Studien zu seinem klassischen Stil. Berlin 1950

Müller, Joachim: Adalbert Stifter. Weltbild und Dichtung. Halle 1956
Gebsattel, Victor E. von: Anthropologie und Dichtung. Betrachtungen zum Wesensbild des Menschen bei A. Stifter. In: Jahrbuch für Psychologie und Psychotherapie 4 (1957), S. 11–23
Fischer, K. G.: Die Pädagogik des Menschenmöglichen. Adalbert Stifter. Linz 1962 (Schriftenreihe 17)
Aspetsberger, Friedhelm: Schlüsselbegriffe zur Erfassung des Daseins in der Dichtung Adalbert Stifters. Diss. Wien 1963
Staiger, Emil: Reiz und Maß. Das Beispiel Stifter. In: A. S. Studien und Interpretationen. Hrsg. von Lothar Stiehm. Heidelberg 1968, S. 7–22
Dehn, Wilhelm: Ding und Vernunft. Zur Interpretation von Adalbert Stifters Dichtung. Bonn 1969

Ästhetik:

Stifters Aufsätze und Rezensionen zu Kunst, Literatur und Theater in SW XIV u. SW XVI
Thurnher, Eugen: Eichendorff und Stifter. Zur Frage der christlichen und autonomen Ästhetik. Wien 1961 (Österreichische Akademie der Wissenschaften. Phil.-hist. Klasse. Sitzungsberichte 236, 5)
Böhler, Michael: Formen und Wandlungen des Schönen. Untersuchungen zum Schönheitsbegriff Adalbert Stifters. Bern 1967
Stern, J. P.: Adalbert Stifters ontologischer Stil. In: A. S., Studien und Interpretationen. Hrsg. von Lothar Stiehm. Heidelberg 1968, S. 103–120
Böhler, Michael Johannes: Die Individualität in Stifters Spätstil. Ein ästhetisches Problem. In: DVjs. 43 (1969), S. 652–684
Selge, Martin: Adalbert Stifter. Poesie aus dem Geist der Naturwissenschaft. Stuttgart 1976
Kaiser, Gerhard: Stifter – dechiffriert? Die Vorstellung vom Dichter in »Das Haidedorf« und »Abdias«. In: Sprachkunst 1/4 (1970), S. 273–317; Wiederabgedruckt unter dem Titel »Der Dichter als Prophet in Stifters ›Haidedorf‹« in: G. K., Wanderer und Idylle. Goethe und die Phänomenologie der Natur in der deutschen Dichtung von Geßner bis Gottfried Keller. Göttingen 1977, S. 240–257
Henz, Hubert: Zur Bedeutung des Naturschönen für die ästhetische Erziehung. Ein nachromantischer Beitrag: Adalbert Stifter. In: Geschichte der Pädagogik und systematischen Erziehungswissenschaft. Hrsg. von Winfried Böhm und Jürgen Schriewer. Stuttgart 1975

Literatur zum »Sanften Gesetz« siehe 3.2.

Literatur zu Politik und Zeitgeschichte siehe 2.1.

Lukács, Georg: Erzählen und Beschreiben. Zur Diskussion über Naturalismus und Formalismus [1936]. In: Begriffsbestimmung des

Literarischen Realismus. Hrsg. von R. Brinkmann, Darmstadt 1969 (Wege der Forschung CCXII)

Muschg, Walter: Die Landschaft Stifters. In: W. M., Pamphlet und Bekenntnis. Olten 1968, S. 171–189 (zuerst 1939)

Müller, Joachim: Der Mensch in der Landschaft. Zu Adalbert Stifters dichterischer Naturgestaltung. In: Wissenschaftliche Zeitschrift der Friedrich-Schiller-Universität Jena. Gesellschafts- und sprachwissenschaftliche Reihe 5 (1955/56), S. 631–647

Hömke, Horst: Der Garten in der Dichtung Adalbert Stifters. Diss. Mainz 1957

ders.: Der Landschaftsgarten in der letzten Fassung von Adalbert Stifters Roman »Die Mappe meines Urgroßvaters«. In: Pädagogische Provinz 22 (1967), S. 536–557

Preisendanz, Wolfgang: Die Erzählfunktion der Naturdarstellung bei Stifter. In: WW 16 (1966), S. 407–418; Wiederabgedruckt in: Landschaft und Raum in der Erzählkunst. Hrsg. von Alexander Ritter, Darmstadt 1975, S. 373–391 (Wege der Forschung CDXVIII)

Gillespie, Gerald: Space and Time seen through Stifter's Telescope. In: German Quarterly 37 (1964), S. 120–130

Petry, Ursula: Die Entstehung einer Landschaft. Zur Dialektik des Drinnen und Draußen bei Adalbert Stifter. In: Jb. der Jean Paul-Gesellschaft 2 (1967), S. 117–138

Rossbacher, Karlheinz: Erzählstandpunkt und Personendarstellung bei Adalbert Stifter. Die Sicht von außen als Gestaltungsperspektive. Diss. Salzburg 1966; Zusammenfassung der Probleme und Ergebnisse in: Vj. 17 (1968), F. 1/2, S. 47–58

Wohlbrandt, Christine: Der Raum in der Dichtung Adalbert Stifters. Zürich, Freiburg i. Br. 1967 (Zürcher Beiträge zur deutschen Literatur und Geistesgeschichte 29)

Mühlher, Robert: Et in Arcadia ego. Das Bild der Gartenlaube bei Adalbert Stifter. In: A. S., Studien und Interpretationen. Hrsg. von Lothar Stiehm. Heidelberg 1968, S. 189–202

Buggert, Christoph: Figur und Erzähler. Studien zum Wandel der Wirklichkeitsauffassung im Werk Adalbert Stifters. München 1968

Seidler, Herbert: Die Natur in der Dichtung Stifters. In: Vj. 17 (1968), S. 223–239; Wiederabgedruckt in H. S., Studien zu Grillparzer und Stifter. Wien, Köln, Graz 1970, S. 159–184

Irmscher, Hans Dietrich: Adalbert Stifter. Wirklichkeitserfahrung und gegenständliche Darstellung. München 1971

Buch, Hans Christoph: Ut pictura poesis. Die Beschreibungsliteratur und ihre Kritiker von Lessing bis Lukács. München 1972

Jilek, Heinrich: Die Funktion der »öden Landschaft« im Werk Adalbert Stifters. In: Zeitschrift für Ostforschung 22 (1973), S. 201–233

Selge, Martin: Adalbert Stifter. Poesie aus dem Geist der Naturwissenschaft. Stuttgart 1976

Castle, Eduard: Motivvariationen in Stifters Erzählungen. In: Adalbert Stifter-Almanach 1947, S. 35–37
Requadt, Paul: Das Sinnbild der Rosen in Stifters Dichtung. Zur Deutung seiner Farbensymbolik. In: Abh. der Akademie der Wiss. und Lit. Klasse der Lit. Mainz 1952; Wiederabgedruckt in: *P. R.,* Bildlichkeit der Dichtung. Aufsätze zur deutschen Literatur vom 18.–20. Jh. München 1974, S. 174–208
Aspetsberger, Friedbert: Schlüsselbegriffe zur Erfassung des Daseins in der Dichtung Adalbert Stifters. Diss. Wien 1963. Teilabdruck unter dem Titel »Stifters Tautologien« in: Vj. 15 (1966), F. 1/2, S. 23–44
Motté, Magdalene: Geld und Besitz in Stifters poetischem Werk. Diss. Aachen 1968
Rupp, Hans-Ulrich: Stifters Sprache. Zürich 1969
Stillmark, Alexander: Stifter's Symbolism of Beauty. The Significance of the Flower in his Works. In: Oxford German Studies 1971/72, S. 74–92
Stillmark, Alexander: Stifter's early portraits of the artist. Stages in the growth of an aesthetic. In: FMLSt 11 (1975), S. 142–164
Huber, Martin: Die Erfahrung des Fremden. Zur Darstellung von Entfremdung und Versöhnung im Werk Adalbert Stifters. Diss. Bern 1976

6.3. Gesamtdarstellungen – Übergreifende Darstellungen

Epochendarstellungen, Literaturgeschichten:

Hermand, Jost: Die literarische Formenwelt des Biedermeiers. Gießen 1958
Annalen der deutschen Literatur vom 18. Jahrhundert bis zur Gegenwart. Hrsg. von *Heinz Otto Burger.* Stuttgart 1961, 2. erw. Auflage 1971.
Martini, Fritz: Deutsche Literatur im bürgerlichen Realismus 1848–1898. Stuttgart 1962, ³1974.
Sengle, Friedrich: Biedermeierzeit. Deutsche Literatur zwischen Restauration und Revolution 1815–1848. 3 Bde. Stuttgart 1971 ff.
Geschichte der deutschen Literatur. Bd. 8 (1/2). Von 1830 bis zum Ausgang des 19. Jahrhunderts. Von einem Autorenkollektiv. Leitung und Gesamtbearbeitung Kurt Böttcher. Berlin 1975.

Aufsatzsammlungen:

Wilhelm, Gustav: Begegnung mit Stifter. Einblicke in Adalbert Stifters Leben und Werk. München 1943
Enzinger, Moriz: Gesammelte Aufsätze zu Adalbert Stifter. Wien 1967

Adalbert Stifter. Studien und Interpretationen. Herausgegeben von Lothar Stiehm. Heidelberg 1968

Bratanek, F. Th.: Adalbert Stifter. Eine literarhistorische Skizze. In: Österreichische Revue 6. Bd. (1863), S. 62–76. Wiederabgedruckt in: *M. Enzinger,* Adalbert Stifter im Urteil seiner Zeit. Wien 1968. Nr. 162
Kuh, Emil: Adalbert Stifter. Wien 1868. Wiederabgedruckt in: *M. Enzinger,* Adalbert Stifter im Urteil seiner Zeit. Wien 1968, Nr. 191
ders.: Zwei Dichter Österreichs: Franz Grillparzer – Adalbert Stifter. Pest 1872, S. 287–516
Gottschall, Rudolf: Adalbert Stifter. Ein Essay. In: Unsere Zeit. Leipzig 1868. N. F. 4/I, S. 745–766. Wiederabgedruckt in: *M. Enzinger,* Adalbert Stifter im Urteil seiner Zeit. Wien 1968, Nr. 194
Bertram, Ernst: Studien zu Adalbert Stifters Novellentechnik. Dortmund 1907. 2. Auflage, Dortmund 1966
Gundolf, Friedrich: Adalbert Stifter. Burg Giebichenstein 1931
Lunding, Erik: Adalbert Stifter. Mit einem Anhang über Kierkegaard und die existentielle Literaturwissenschaft. Kopenhagen 1946
Lupi, S.: Nota su Stifter. In: Studi diretti di Mechele Catalano 1950, S. 43–70
Fischer, Kurt Gerhard: Die Pädagogik des Menschenmöglichen. Adalbert Stifter. Linz 1962 (Schriftenreihe 17)
Stern, J. P.: Propitiations: Adalbert Stifter. In: *J. P. St.,* Reinterpretations. Seven Studies in Nineteenth-Century German Literature. London 1964, S. 239–300
Eisenreich, Herbert: Das kleine Stifterbuch. Salzburg 1967
Stern, J. P.: Adalbert Stifters ontologischer Stil. In: A. St., Studien und Interpretationen. Hg. von Lothar Stiehm. Heidelberg 1968, S. 103–120
Buggert, Christoph: Figur und Erzähler. Studie zum Wandel der Wirklichkeitsauffassung im Werk Adalbert Stifters. München 1968
Korff, Friedrich Wilhelm: Diastole und Systole. Zum Thema Jean Paul und Adalbert Stifter. Bern 1969 (Basler Studien 37)
Kaiser, Michael: Adalbert Stifter. Eine literaturpsychologische Untersuchung seiner Erzählungen. Bonn 1971 (Abhandlungen zur Kunst-, Musik und Literaturwissenschaft 103)
Irmscher, Hans Dietrich: Adalbert Stifter. Wirklichkeitserfahrung und gegenständliche Darstellung. München 1971
Stern, J. P.: Stifters Fiction. Erhebung without Motion. In: Novel. A Forum on Fiction. Vol. 1. Providence 1968, S. 239–250. Wiederabgedruckt in: Idylles and realities. Studies in nineteenth century literature. London 1971, S. 97–122
Mattenklott, Gundel: Sprache der Sentimentalität. Zum Werk Adalbert Stifters. Frankfurt 1973

Bandet, Jean-Louis: Adalbert Stifter. Introduction à la lecture de ses nouvelles. Paris 1974
Selge, Martin: Adalbert Stifter. Poesie aus dem Geist der Naturwissenschaft. Stuttgart 1976
Wildbolz, Rudolf: Adalbert Stifter. Langeweile und Faszination. Stuttgart 1976

REGISTER

Die kursiv gedruckten Seitenzahlen verweisen auf Veröffentlichungen eines Autors, die im Text zitiert sind.

Achternbusch, Herbert 120
Adel, Kurt 45
Adorno, Theodor W. 120
Amann, Klaus 105
Andrews, John S. 119
Aprent, Johannes 1, 7, 54, 59, 63, 71, 72, 86, 89, 101, 102, 104, 105, *107*
Arneth, Josef 94
Arnim, Achim von 22
Arts, Eva 73
Aspetsberger, Friedbert 59, 64, *67*, 69, 122, *127*, 129
Auden, Wystan Hugh 14
Auersperg, Anton Alexander Graf von siehe Grün, Anastasius
Augustin, Hermann 108
Aust, Hugo 20
Axmann, Joseph 96

Bachem, Rolf 37
Bachfeld, Hanns-Ludwig 104
Bahr, Hermann *52*, 114, *120*
Bandet, Jean Louis 45, 117, *131*
Bardachzi, Karl 44, 104
Barnes, Harry George 53
Baumann, Gerhart 74
Beer, Gisela 95
Behrens, Wolfgang 20
Benjamin, Walter 36, *77*, 117, 118, 120
Bergner, Helmut 97, 100, 105
Bernhard, Thomas 118
Bertram, Ernst 95, 104, 114, 120, *130*
Bertram, Franz 45, 86
Bianchi, Johanna 105
Bietak, Wilhelm 14
Bindtner, Josef 107
Binzer, Emilie von 103
Bischoff, Karl 37, 120
Blackall, Eric 30, *107*, 117

Bleckwenn, Helga 21, 33, 38
Blumenthal, Hermann *14*, 53, 89, 123
Bock, Helmut 20
Böckmann, Paul 55, 58, *59*
Böhler, Michael 57, 59, 73, 123, *127*
Böhm, Winfried 89
Böll, Heinrich 118, 120
Böttcher, Kurt 129
Bohn, Ursula 27
Bollnow, Otto Friedrich 45, 86
Borcherdt, Hans-Friedrich 59
Branscombe, Peter 30
Bratanek, Th. E. 89, 111, 112, 130
Brinkmann, Richard 20, 128
Brockes, Barthold Hinrich 35, 36
Browning, Barton W. 21
Bruford, W. H. 45
Brunnhofer-Wartenberg, Ruth 14
Brusati, Alois 13
Buch, Hans-Christoph 20, 128
Bucher, Max 17, *20*
Buchner, Hartmut 120
Buchowiecki, Josef 83, 104, 105
Buddeus, Aurelius 18, 35
Büchner, Georg 87
Buggert, Christoph 43, 48, 112, 128, *130*
Burger, Heinz Otto 129
Buttmann, Günter 121

Castle, Eduard 129
Clemen, Paul 96
Commenda, Hans 104
Cooper, James Fenimore 8, 22, 112

Dehn, Wilhelm 118, 122, *127*

Dittmann, Ulrich 29, 30
Döblin, Alfred 44
Doerdelmann, Bernhard 29
Domandl, Sepp 89
Doppler, Alfred 19, 120, 121
Dräxler-Manfred, C 31
Dünninger, E. 108

Egerer, Franz 33
Eggert, Hartmut 52
Eichendorff, Louise von 7, 102
Eichendorff, Joseph von 26, 123
Eisenmeier, Eduard 14, 59, 88, 95, 99, 100, 119
Eisenreich, Herbert 130
Eisner, Hans 81
Endres, Marie-Christine 56, 59
Enzinger, Moriz 21, 28, 29, 30, 31, 38, 53, 60, 61, 72, 73, 74, 83, 88, 89, 95, 96, 100, 102, 104, *107*, 108, 109, 112, 113, *119*, 121, 123, 126, 129, 130
Epping, Walter 14
Exner, Richard 21

Fechner, Erich 53
Felsach, Adolf Freiherr Brenner von 3, 11
Feuchtersleben, Ernst von 84
Fink, Franz 95, 96, 105, 108
Fischer, Alois 6
Fischer, Ernst *10*
Fischer, Kurt Gerhard 11, 12, 29, 34, 59, 60, *61*, 72, 74, 84, 86, *88*, *89*, 95, *104*, 106, *107*, 122, 123, 127, 130
Flaubert, Gustav 53
Fleischanderl, Josef 4
Flöring, Karl 52
Franz, Leonhard 88, 119
Freschi, Marino 19, 119
Frey, Bettina 71, 73
Frey, Eleonore 30
Freytag, Gustav 16
Friedrich, C. David 91
Frischenschlager, Ruthilde 72
Frühwald, Wolfgang 99
Fuchs, Albert 59

Gebsattel, Victor E. von 127
Geiger, Peter Johann 96
Gerken, Magda 99
Geßner, Salomon 28, 35
Geulen, Hans 39
Gillespie, Gerald 128
Glaser, Horst Albert 41, 43, *45*, 116
Glaßbrenner, Adolf 75
Godde, E. 45
Godden, Christian 29
Goethe, Johann Wolfgang von 18, 28, 56, 69, 70, 87, 94, 102
Gottschall, Rudolf 17, 51, 111, 113, 130
Greiner, Ulrich 19
Greipl, Fanny (Franziska) 4, 81
Grilk, Werner H. 100, 119
Grillparzer, Franz 18, 33, 95, 103, 116
Grimm, Hans 52
Grolmann, Adolf von 52
Großschopf, Alois 97, 100, 107
Grün, Anastasius (= Auersperg, Anton Alexander Graf von) 11
Gugitz, Gustav 4, 107, 108
Gundolf, Friedrich 115, 122, 124, *130*
Gutzkow, Karl 23

Haacke, Wilmont 79
Habel, R. 126
Habisreutinger, Josef 89
Härtling, Peter 120
Hahl, Werner *20*
Hahn, Karl Josef 126
Handel, Sigmund Freiherr von 3
Handke, Peter 118
Hankamer, Paul 38, 126
Hantsch, Hugo 13
Hartmann, G. 45
Haselbach, G. 45
Haslinger, Adolf 64
Haslinger, Franz 119, *120*
Hausenstein, Wilhelm 95
Haußmann, Walter 29
Hebbel, Friedrich 17, 18, 35, 36,

43, 110, 112, 115, 116, 117, 124, 125
Heckenast, Gustav 5, 7, 8, 13, 22, 28, 32, 39, 40, 42, 46, 47, 50, 55, 75, 86, 97, 101, 102, 111
Heim, Harro 29
Hein, Alois Raimund 106, *107*, 114
Hein, Jürgen 21, 30, 51, 79
Heine, Heinrich 17
Heiseler, Bernt von 120
Henz, Hubert 89, 127
Herder, Johann Gottfried 18, 22, 84, 85, 87
Hermand, Jost 19, 108, 129
Hertling, Gunter H. 27
Heselhaus, Clemens 20
Hesse, Hermann 118
Hettner, Hermann 16, 17
Himmel, Hellmuth 20, 38
Hölderlin, Friedrich 87
Höllerer, Walter 20
Hömke, Horst 59, 128
Hofmann, Alois 97
Hoffmann, Carl 70
Hoffmann, E. T. A. 22
Hoffmann, Werner 30, 31
Hofmannsthal, Hugo von 44, 118
Holske, Alan 20
Homer 94
Horcicka, Adalbert 104
Hrussoczy, Marie von 103
Huber, Martin 129
Hüller, Franz 53, 54, 60, 61, 97, 98
Humboldt, Alexander von 125
Humboldt, Wilhelm von 18, 41, 86, 87
Hunter-Lougheed, Rosemarie 64, 68

Irmscher, Hans Dietrich 38, 128, 130

Jäger, Georg *20*
Jansen, Rudolf 28

Jean Paul 3, 4, 18, 22, 36, 49, 60, 63, 80, 111, 126
Jilek, Heinrich 128
Jungmair, Otto, 84, *88*, 95, 96, 107, 108
Jurgensen, Manfred 121

Kaderschafka, Karl 78
Kaiser, Gerhard 27, *28*, 29, 125, 127
Kaiser, Michael 2, 108, 117, *130*
Kaltenbrunner, C. A. 30
Kant, Immanuel 125
Kaschnitz, Marie Luise 29, 118
Kafka, Franz 25
Karell, Viktor 108
Keller, Gottfried 28, 110
Kerkhoff, Emmy L. 64
Kepler, Johannes 82, 102
Ketelsen, Uwe K. 39
Kienesberger, Konrad 27, 29, 31, 82, 108, 119
Kierkegaard, Sören 117
Killy, Walther 43, *45*
Kindermann, Heinz 120
Kiszling, Rudolf 11, 12, *13*
Klar, Paul Aloys 9
Kleist, Heinrich von 87
Klopstock, Friedrich Gottlieb 82
Kohlschmidt, Werner 27
Kompert, Leopold 35
Korff, Friedrich Wilhelm 3, *21*, 56, 57, 60, 79, 80, 81, 116, 130
Kosch, Wilhelm 20, 104, 123
Kossuth, Ludwig von 13
Kralik, Dieter 53
Kraus, Karl 118
Kristian, Hans 39
Krökel, Fritz 99, 105, 121
Kuh, Emil 36, 111, 112, 113, 114, 116, 130
Kuhle, Matthias 27
Küpper, Peter 38
Kunisch, Hermann 58, 115, 126

Lachinger, Johann 29
Landthaler, Wolfgang 97

Lange, Herbert 37
Lange, Viktor 45
Langer, C. E. 78
Langer, C. F. 78
Leberl, Lucie 59
Leibniz, Gottfried Wilhelm 29
Lenau, Nikolaus 83
Lengauer, Hubert 46
Lessing, Gotthold Ephraim 23, 124
Lindau, Marie-Ursula 45
Littrow, K. V. von 81
Löffler, Carl 93, 96
Loerke, Oskar 118, 120
Lorm, Hieronymus (= Landesmann, Heinrich) 14, 16
Ludwig, Marianne 31
Lukács, Georg 20, 41, *52*, 115, 116, 124, 127
Lunding, Erik 106, 109, 110, 112, 113, 117, *118*, *130*
Lupi, Sergio 130

Magris, Claudio 15, *19*, 116
Mailáth, Johann Graf 22, 28
Mann, Thomas 26, 44, 79, 118
Markus, Andreas 88, 107, 108
Martini, Fritz 33, 58, *129*
Marx, Julius 11, 12, *14*
Maschek, Ingeborg 73
Mason, Eve 39
Mattenklott, Gundel 117, *130*
Matthäus, Gerhard 89, 126
Matthisson, Friedrich von 82
Mautz, Kurt *29*, 125
Mercier, Louis Sebastien 75, 76
Metternich, Clemens Wenzel Fürst von 3, 10, 12, 15, 88
Metternich, Richard Fürst von 3, 88
Mettler, Heinrich 27
Meyer, Paul 83
Micko, Heinrich *82*
Mohaupt, Amalie siehe Stifter, Amalie
Mohaupt, Juliana 8, 103
Morton, Friedrich 104
Motekat, Helmut 59

Motté, Magdalene 129
Mozart, Wolfgang Amadeus 70
Mühlher, Robert 35, *37*, 126, 128
Müller, Adam 48
Müller, Günther 21
Müller, Klaus-Detlef 45
Müller, Joachim 21, 30, 37, 39, 59, 67, 73, 115, 120, 121, 122, *127*, 128
Müller von Königswinter, Wolfgang 68
Müncker, Theodor 38
Mundt, Theodor 17
Muschg, Walter 83, 128

Nef, Ernst 29, 45
Neubuhr, Elfriede 19
Nietzsche, Friedrich 52, 113, 114, 117
Norst, Marlene J. 30
Novotny, Fritz 90, 91, 92, *95*, 96

Oertel-Sjögren, Christine 28, 45, 46, 72
Ostade, Adriaan von 81

Palacky, Franz von 47
Paoli, Betty 103
Pascal, Roy 28, 45
Petrikovits, Gerda von 27, 29, 61
Petry, Ursula 128
Pestalozzi, Heinrich 86
Pfeiffer, Knut E. 92, 93, 96
Pfotenhauer, Helmut 53
Piepenhagen, August 93, 95
Polheim, Karl Konrad 67
Polko, Elise 103
Pouzar, Otto 126
Preisendanz, Wolfgang 20, 125, 128
Privat, Karl 104
Pütz, Theodor 53

Raabe, Wilhelm 116
Ranzoni, Emerich 63

Rasch, Wolfdietrich 95
Rath, Rainer 38
Reddick, John 39
Rehm, Walther 44, 64, 115, 126
Reichardt, W. A. 100, 119
Reitzenbeck, Heinrich 105, *107*
Requadt, Paul 33, 37, 129
Resag, Kurt 88
Reuter, Hans-Heinrich *20,* 116
Richartz, Heinrich 118
Richter, Ludwig 32
Riha, Karl 79
Rint, Johann 95
Ritchie, Gisela F. 121
Roedl, Urban 61, 106, *107*
Rokyta, Hugo 121
Rosegger, Peter 90, 109, 111, 113, 114, 119
Rosei, Peter 118, 120
Rosenberger, Ludwig 107
Rossbacher, Karlheinz 120, 121, 128
Rupp, Hans-Ulrich 129
Rutt, Theodor 88, 89
Rychner, Max 44, 53, 110

Sacher-Masoch, Leopold von 70
Salis-Seewis, Johann Gaudenz Freiherr von 82
Saphir, Moritz Gottlieb 28
Sauer, August 98
Schäublin, Peter 29
Schatter, Antje 118
Schaukal, Richard von 120
Schiller, Friedrich von 60, 102
Schirges, Georg 23
Schlaffer, Heinz 41, *46*
Schlegelmilch, Wolfgang 21, 121
Schlossar, Anton 95, 104
Schmidt, Adalbert 21
Schmidt, Arno 14, 45, 52, 53, 111
Schmidt, Hugo 38
Schmidt, Hermann 67
Schmidt, Julian 17, 32, 41
Schmidt, Justus 95
Schocken, Salman 97
Schöny, Heinz 105

Scholem, Gershom 120
Schoolfield, George 53
Schorske, Carl E. 19
Schriewer, Jürgen 89
Schultz, Uwe 120
Schumacher, Andreas 28, 38
Schutting, Jutta 117, 120
Schwarz, Egon 38
Schwarzenberg, Felix Ludwig Johann Fürst von 6
Sealsfield, Charles 112
Sedlmayr, Hans 81
Seibt, Ferdinand 53
Seidler, Herbert 30, 45, 58, 64, 98, 109, 110, 112, 115, *118,* 128
Selge, Martin 33, 37, 53, 58, 112, 126, 127, 128, *131*
Sengle, Friedrich 19, 75, 129
Shakespeare, William 94
Sieber, Dorothea 44
Siegl, I. A. 79
Simony, Friedrich 34, 88
Smeed, J. W. 37
Sommaruga, Franz von 84
Speiser, Friedrich 95, 107
Staiger, Emil 44, 115, 127
Stapf, Paul 21
Steffen, Konrad 100, 126
Stefl, Max 89, 98, 99, 100, 107
Stein, Peter 20
Steinberg, Barbara 118
Steinbüchel, Th. 38
Steinecke, Hartmut 44
Stelzhamer, Franz 77, 78
Stenzel, Jürgen 43, 45
Stern, Josef Peter 25, *31,* 62, 106, 110, 115, 118, 127, *130*
Stiehm, Lothar 130
Stifter, Amalia 4, 6, 8, 80, 97, 106
Stifter, Johann 1
Stifter, Josefine 8
Stifter, Louise 8
Stillmark, A. 21, 27, 121, 129
Stopp, Frederick 37, 38
Storck, Joachim W. 121
Streitfeld, Erwin 108

Struc, Roman 38
Suhrkamp, Peter 120
Swoboda, Karl M. 95

Tanner, Erika 28
Tepe, Leo 70, 71, 79, 81
Thomas, Werner 29
Thurnher, Eugen 21, 37, 127
Thun-Hohenstein, Leo Graf von 84
Trautmann, René 79
Tumler, Franz 118, 120

Uhlirz, Karl 13
Unterreitmeier, Hans 27
Urbanitsch, Peter 13

Valjavec, Fritz 14
Vancsa, Kurt 88
Vischer, Friedrich Theodor 17

Wagner-Rieger, Renate 96
Wandruszka, Adam 13
Weippert, Georg 53
Weiss, Hermann F. 14
Weiss, Walter *19*, 64, 91, 96, 116, 119
Weydt, Günther 45
Whiton, John 38

Widhammer, Helmuth 16, 20
Wiese, Benno von 28, 29

Wildbolz, Rudolf 131
Wilhelm, Gustav 21, 88, 98, 100, 101, 102, 104, 105, 129
Windfuhr, Manfred 19, 108
Windischgrätz, Alfred Fürst zu 13
Winkler, Christian 71, 73
Wirth, Günter 12
Witthauer, Friedrich 27, 79, 81
Wittmann, Reinhard *20*
Wodtke, Friedrich Wilhelm 27
Wohlbrandt, Christine 128
Wohmann, Gabriele 118
Wolf, Erik 53

Yoneda, Takashi 100, 119

Zacharasiewicz, Traute 105
Zagari, Luciano 45
Zehl-Romero, Christiane 121
Zenker, Edith *20*, 59, 116
Zettl, Walter 119
Zinck, Karl Hugo 105, 121
Zöllner, Erich 13
Zuber, Margarethe 19

M	55	Röhrich *Sage*
M	56	Catholy *Fastnachtspiel*
M	57	Siegrist *Albrecht von Haller*
M	58	Durzak *Hermann Broch*
M	59	Behrmann *Einführung in die Analyse von Prosatexten*
M	60	Fehr *Jeremias Gotthelf*
M	61	Geiger *Reise eines Erdbewohners i. d. Mars. Faksimiledruck*
M	62	Pütz *Friedrich Nietzsche*
M	63	Böschenstein-Schäfer *Idylle*
M	64	Hoffmann *Altdeutsche Metrik*
M	65	Guthke *Gotthold Ephraim Lessing*
M	66	Leibfried *Fabel*
M	67	von See *Germanische Verskunst*
M	68	Kimpel *Der Roman der Aufklärung (1670–1774)*
M	69	Moritz *Andreas Hartknopf. Faksimiledruck*
M	70	Schlegel *Gespräch über die Poesie. Faksimiledruck*
M	71	Helmers *Wilhelm Raabe*
M	72	Düwel *Einführung in die Runenkunde*
M	73	Raabe *Einführung in die Quellenkunde*
M	74	Raabe *Quellenrepertorium*
M	75	Hoefert *Das Drama des Naturalismus*
M	76	Mannack *Andreas Gryphius*
M	77	Straßner *Schwank*
M	78	Schier *Saga*
M	79	Weber-Kellermann *Deutsche Volkskunde*
M	80	Kully *Johann Peter Hebel*
M	81	Jost *Literarischer Jugendstil*
M	82	Reichmann *Germanistische Lexikologie*
M	83	Haas *Essay*
M	84	Boeschenstein *Gottfried Keller*
M	85	Boerner *Tagebuch*
M	86	Sjölin *Einführung in das Friesische*
M	87	Sandkühler *Schelling*
M	88	Opitz *Jugendschriften. Faksimiledruck*
M	89	Behrmann *Einführung in die Analyse von Verstexten*
M	90	Winkler *Stefan George*
M	91	Schweikert *Jean Paul*
M	92	Hein *Ferdinand Raimund*
M	93	Barth *Literarisches Weimar. 16.–20. Jh.*
M	94	Könneker *Hans Sachs*
M	95	Sommer *Christoph Martin Wieland*
M	96	van Ingen *Philipp von Zesen*
M	97	Asmuth *Daniel Casper von Lohenstein*
M	98	Schulte-Sasse *Literarische Wertung*
M	99	Weydt *H. J. Chr. von Grimmelshausen*
M	100	Denecke *Jacob Grimm und sein Bruder Wilhelm*
M	101	Grothe *Anekdote*
M	102	Fehr *Conrad Ferdinand Meyer*
M	103	Sowinski *Lehrhafte Dichtung des Mittelalters*
M	104	Heike *Phonologie*
M	105	Prangel *Alfred Döblin*
M	106	Uecker *Germanische Heldensage*
M	107	Hoefert *Gerhart Hauptmann*
M	108	Werner *Phonemik des Deutschen*

M 109 Otto *Sprachgesellschaften des 17. Jh.*
M 110 Winkler *George-Kreis*
M 111 Orendel *Der Graue Rock (Faksimileausgabe)*
M 112 Schlawe *Neudeutsche Metrik*
M 113 Bender *Bodmer / Breitinger*
M 114 Jolles *Theodor Fontane*
M 115 Foltin *Franz Werfel*
M 116 Guthke *Das deutsche bürgerliche Trauerspiel*
M 117 Nägele *J. P. Jacobsen*
M 118 Schiller *Anthologie auf das Jahr 1782 (Faksimileausgabe)*
M 119 Hoffmeister *Petrarkistische Lyrik*
M 120 Soudek *Meister Eckhart*
M 121 Hocks / Schmidt *Lit. u. polit. Zeitschriften 1789–1805*
M 122 Vinçon *Theodor Storm*
M 123 Buntz *Die deutsche Alexanderdichtung des Mittelalters*
M 124 Saas *Georg Trakl*
M 126 Klopstock *Oden und Elegien (Faksimileausgabe)*
M 127 Biesterfeld *Die literarische Utopie*
M 128 Meid *Barockroman*
M 129 King *Literarische Zeitschriften 1945–1970*
M 130 Petzoldt *Bänkelsang*
M 131 Fischer *Karl Kraus*
M 132 Stein *Epochenproblem »Vormärz« (1815–1848)*
M 133 Koch *Das deutsche Singspiel*
M 134 Christiansen *Fritz Reuter*
M 135 Kartschoke *Altdeutsche Bibeldichtung*
M 136 Koester *Hermann Hesse*
M 138 Dietz *Franz Kafka*
M 140 Groseclose / Murdoch *Ahd. poetische Denkmäler*
M 141 Franzen *Martin Heidegger*
M 142 Ketelsen *Völkisch-nationale und NS-Literatur*
M 143 Jörgensen *Johann Georg Hamann*
M 144 Schutte *Lyrik des deutschen Naturalismus (1885–1893)*
M 145 Hein *Dorfgeschichte*
M 146 Daus *Zola und der französische Naturalismus*
M 147 Daus *Das Theater des Absurden*
M 148 Grimm u. a. *Einführung in die frz. Lit.wissenschaft*
M 149 Ludwig *Arbeiterliteratur in Deutschland*
M 150 Stephan *Literarischer Jakobinismus in Deutschland*
M 151 Haymes *Das mündliche Epos*
M 152 Widhammer *Literaturtheorie des Realismus*
M 153 Schneider *A. v. Droste-Hülshoff*
M 154 Röhrich-Mieder *Sprichwort*
M 155 Tismar *Kunstmärchen*
M 156 Steiner *Georg Forster*
M 157 Aust *Literatur des Realismus*
M 158 Fähnders *Proletarisch-revolutionäre Literatur*
M 159 Knapp *Georg Büchner*
M 160 Wiegmann *Geschichte der Poetik*
M 161 Brockmeier *François Villon*
M 162 Wetzel *Romanische Novelle*
M 163 Pape *Wilhelm Busch*
M 164 Siegel *Die Reportage*
M 165 Dinse / Liptzin *Jiddische Literatur*